U0369811

轻与重
FESTINA LENTE

姜丹丹 主编

我们都是德国浪漫派

〔法〕雅克·达拉斯 著　曹胜超 译

Jacques Darras
Nous sommes tous des
romantiques allemands

华东师范大学出版社 ｜ 上海

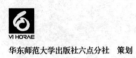

华东师范大学出版社六点分社　策划

主 编 的 话

1

时下距京师同文馆设立推动西学东渐之兴起已有一百五十载。百余年来，尤其是近三十年，西学移译林林总总，汗牛充栋，累积了一代又一代中国学人从西方寻找出路的理想，以至当下中国人提出问题、关注问题、思考问题的进路和理路深受各种各样的西学所规定，而由此引发的新问题也往往被归咎于西方的影响。处在21世纪中西文化交流的新情境里，如何在译介西学时作出新的选择，又如何以新的思想姿态回应，成为我们必须重新思考的一个严峻问题。

2

　　自晚清以来，中国一代又一代知识分子一直面临着现代性的冲击所带来的种种尖锐的提问：传统是否构成现代化进程的障碍？在中西古今的碰撞与磨合中，重构中华文化的身份与主体性如何得以实现？"五四"新文化运动带来的"中西、古今"的对立倾向能否彻底扭转？在历经沧桑之后，当下的中国经济崛起，如何重新激发中华文化生生不息的活力？在对现代性的批判与反思中，当代西方文明形态的理想模式一再经历祛魅，西方对中国的意义已然发生结构性的改变。但问题是：以何种态度应答这一改变？

　　中华文化的复兴，召唤对新时代所提出的精神挑战的深刻自觉，与此同时，也需要在更广阔、更细致的层面上展开文化的互动，在更深入、更充盈的跨文化思考中重建经典，既包括对古典的历史文化资源的梳理与考察，也包含对已成为古典的"现代经典"的体认与奠定。

面对种种历史危机与社会转型，欧洲学人选择一次又一次地重新解读欧洲的经典，既谦卑地尊重历史文化的真理内涵，又有抱负地重新连结文明的精神巨链，从当代问题出发，进行批判性重建。这种重新出发和叩问的勇气，值得借鉴。

3

一只螃蟹，一只蝴蝶，铸型了古罗马皇帝奥古斯都的一枚金币图案，象征一个明君应具备的双重品质，演绎了奥古斯都的座右铭："FESTINA LENTE"（慢慢地，快进）。我们化用为"轻与重"文丛的图标，旨在传递这种悠远的隐喻：轻与重，或曰：快与慢。

轻，则快，隐喻思想灵动自由；重，则慢，象征诗意栖息大地。蝴蝶之轻灵，宛如对思想芬芳的追逐，朝圣"空气的神灵"；螃蟹之沉稳，恰似对文化土壤的立足，依托"土地的重量"。

在文艺复兴时期的人文主义那里，这种悖论演绎出一种智慧：审慎的精神与平衡的探求。思想的表达和传播，快者，易乱；慢者，易坠。故既要审慎，又求平衡。在此，可这样领会：该快时当快，坚守一种持续不断的开拓与创造；该慢时宜慢，保有一份不可或缺的耐心沉潜与深耕。用不逃避重负的态度面向传统耕耘与劳作，期待思想的轻盈转化与超越。

4

"轻与重"文丛，特别注重选择在欧洲（德法尤甚）与主流思想形态相平行的一种称作 essai（随笔）的文本。Essai 的词源有"平衡"（exagium）的涵义，也与考量、检验（examen）的精细联结在一起，且隐含"尝试"的意味。

这种文本孕育出的思想表达形态，承袭了从蒙田、帕斯卡尔到卢梭、尼采的传统，在 20 世纪，经过从本雅明到阿多诺，从柏格森到萨特、罗兰·巴特、福柯等诸位思想大师的传承，发展为一种富有活力的知性实践，形成一种求索和传达真理的风格。Essai，远不只是一种书写的风格，也成为一种思考与存在的方式。既体现思索个体的主体性与节奏，又承载历史文化的积淀与转化，融思辨与感触、考证与诠释为一炉。

选择这样的文本，意在不渲染一种思潮、不言说一套学说或理论，而是传达西方学人如何在错综复杂的问题场域提问和解析，进而透彻理解西方学人对自身历史文化的自觉，对自身文明既自信又质疑、既肯定又批判的根本所在，而这恰恰是汉语学界还需要深思的。

提供这样的思想文化资源，旨在分享西方学者深入认知与解读欧洲经典的各种方式与问题意识，引领中国读者进一步思索传统与现代、古典文化与当代处境的复杂关系，进而为汉语学界重返中国经典研究、回应西方的经典重建做好更坚实的准备，为文化之间的平等对话创造可能性的条件。

是为序。

姜丹丹（Dandan Jiang）

何乏笔（Fabian Heubel）

2012 年 7 月

目　录

半路出发

　　但丁的作品从来不曾受到如此的青睐。至少有四个翻译工地在二十世纪末的法国先后启动。在安德烈·佩扎尔[①]业已建起的险峻高塔之上，雅克琳娜·里塞、让-夏尔·韦利安特、克里斯蒂安·贝克和亚历山大·马斯龙纷纷添砖加瓦。注释者和评论家也不遑多让，其中包括贝努瓦·尚特与菲利普·索莱尔斯的对话，对话者与他们的榜样一样灵动活泼。在英吉利海峡的对岸，在威廉·布莱克及其《神曲》版画以降，

---

　　①　安德烈·佩扎尔（André Pézard，1893—1984），法国著名的意大利研究专家和译者。他最著名的译作就是 1965 年由伽利玛出版社的"七星文库"出版的《但丁全集》，迄今仍被法国学界视作权威，但是译者选择使用的诗体化、异化的翻译策略及大量注解又引起很大的争议。作者接下来列举的是法国的其他几位但丁译者。（本书所有注释皆出自中文译者，下文不再标注）

但丁一直是一种活跃的力量，名字很凑巧的但丁·加布里尔·罗塞蒂及其诗歌出版，劳伦斯·比尼恩的译本，尤其是"大侦探"多萝西·塞耶斯所做的侦查活动，这些都使得佛罗伦萨诗人为更多人熟知。那么，在这个完全以现代主义为名的世纪走到尽头之际，这重新兴起的吸引力又为哪般？这里姑且摆出几个不言而喻的道理。《神曲》讲述一个心灵攀升的故事，见识高绝，情感奔放，具有高山般的气象。但丁，阿尔卑斯山也。皑皑白雪的峰顶熠熠闪光。那光兼具冷热，一如白雪。俯下身来，在身处的诗意盎然的山坡上，以目光或用手撷取一捧雪花。雪的力量鞭策血脉，激动心府。入籍英国的美国诗人 T. S. 艾略特说得更妙更简洁：于他而言，但丁"让心物可见"。曾像他的榜样那样饱尝流放苦楚的奥西普·曼德尔施塔姆①认为，但丁尤其是一位韵律学家，"连通气息、浸染思想的脚步"！它如此之大胆，结合圣托马斯的创造论神学和圣贝尔纳神秘爱情的神学，进而将圣奥古斯丁的上帝之城变成可以实践的对象。峰顶的形象本就让人难以抗拒。但是恭敬目光的距离不适合诗人。但丁要求我们吸收他，要求我们通过阅读与他展开对话。为此，曼德尔施塔姆严厉批评"身穿红

---

① 奥西普·曼德尔施塔姆（Ossip Mandelstam, 1891—1938），俄罗斯白银时代的著名诗人、评论家，一生坎坷，1933 年发表《关于但丁的谈话录》。

背心、时运不济的法国浪漫派",批评他们歪曲但丁。"他何以有想象力？他写作时是在做听写,他是一个抄写者……身体保持着书吏的蜷曲姿势。"俄国诗人将雨果和戈蒂埃当作攻击对象本身就很奇怪,因为他指责的对象本应是德国浪漫派。指责他们什么呢？指责他们在欧洲作家之林中独尊但丁和莎士比亚,置之于出类拔萃的巅峰、成为欧洲传统的守护者吗？诚然,那正是平山削顶的现代性否认传统的野心所在。徒劳!但丁回归到我们中间,我们回归到但丁那里,这正给我们带来许多关于诗歌和思想的建设性观念。的确,人们经常忽视的一个重要事实是,但丁是第一位将自己原样呈现给读者的诗人。在他那里,诗人勇敢地、清醒地给自己定义,他不仅没有被多舛的命运打败,反而从中汲取力量对权力进行剖析。《神曲》不仅仅是一个救赎的故事,更是一部论述鲜活诗学的论著:在权力的分割中,诗人为自己找到位置。谁将看到这一点？肯定不是民主的神学家们,也不会是诗人们自己。佛罗伦萨诗人冒着生命危险才挣得的地位,似乎没有人探究过这种地位的脆弱性。

然而但丁指出,诗歌只能在政治与宗教的持续张力中才能发生和生存。向两极中的任何一边倾斜,都可能损害诗人的"民主"功能。同样,忽视两极中的任何一极,都将弱化诗歌的性质。这个道理是明确而简单的。只是此后数百年间的政

3

治与宗教纷争将会模糊诗人们的眼睛,使他们踏上困厄的歧路。时至今日,我们立足和行走其上的欧洲大地已不再震颤——这还能持续多久呢?——,我们比任何时候都有必要重新打起精神,以"连通气息、浸染思想的脚步"穿越彷徨中我们留恋于此的幽暗无边的森林,按照但丁规定的计划重拾欧洲和欧洲传统,也就是说,半路出发。

　　我们从来只能半路出发;经过无数罪恶,我们务必明白无误地说出这一谦卑。因此,我们选择从德国浪漫派那里重启欧洲之旅,尽管他们试图成为崭新的源头哲学,并激发出越来越激进的一连串激进性。这一点绝不是但丁展示出的智慧形式。一切起源实际上不过是打扮成奠基时刻的中间。但丁用这一真理作为他诗歌的开头,因为这并非一个无足轻重的但丁智慧。

1

通向远方故土的道路

在图林根森林的上方航行

那里无疑是欧洲最本质的一处风景,是德国的核心,欧洲的核心。然而,要么出于无知,要么因为偏好寡淡,法国的导游手册几乎都不重视那片风景。让我们姑且丢掉残缺的导游册,来谈谈对欧洲心灵最意味深长的地方吧!瓦尔特堡是地理与历史的交汇之地。多亏一位满怀热情的中世纪研究者,一位坚定的拜罗伊特追随者,我才发现了瓦尔特堡。那座木结构的拜罗伊特节庆会演剧院大厅(Festspielhaus),我们不确定是否会进去。瓦格纳的仪式如此散漫和暧昧,且凭它拖拖拉拉,宛如十九世纪一个理想的梦,逶迤在图林根森林的南麓。不要惊动朝圣者，他们为罪行忏悔之后，悄无声息地从罗马踏上返程的道路。令人惊奇的是，经过二十世纪中叶的冷战，经过民主德国的衰败和贫穷，瓦尔特堡居然安然无恙。哥达城堡或耶拿城里的广场也是如此。

要到达城堡，我们就要往上攀登，沿着穿行在冷杉树、榛子树林间的宽阔山路，朝着城堡的方向徒步上行。上升的路程足够长，登山者有时间调整心率。一些年迈的夫妻彳亍前行。他们或许愿意在那里死去，带着历史任务完成的微笑。那是一些德国夫妇。遇到他们，我们不禁暗自思忖，二战时，这些人心怀希望的理由究竟是什么。想象，画面，不断冲击着此刻。我们将在山顶证实某种东西。证实一种历史划分的地理事实。瓦尔特堡位于杜塞尔多夫和布拉格的中间，在以它为圆心的圆圈上排列着一长串城池，按照逆时针的方向，从南到东先后有纽伦堡诸城、莱比锡，北有汉诺威，西有法兰克福。别忘记我们正在爬升，别把高度扁平化。

尤其在浪漫主义以降，人们爱上了攀升。英国诗人塞缪尔·泰勒·柯勒律治一度对法国大革命怀有极大的热情，直到1797前后才改变兴趣。与他的朋友华兹华斯一道，在布里斯托运河沿岸——康沃尔和威尔士之间——山林间的一年暴走使他抛却一切对平等的追求。一年后，他远赴德国。二十七岁的他在哥廷根大学注册学习，研究日耳曼语言的高低起伏。在一位朋友的陪伴下,他攀登了哈茨山的布罗肯峰。伽利玛的导游册用一个漂亮的说法来描述这座高达一千多米的山峰:"往上攀登得越高,野生覆盆子和高山植物越多地取代冷杉树。"歌德更喜欢在有雪的时候爬山。远处山坡上烟雾缭绕下的白色雾气将化为瓦尔普吉斯之夜①黑暗中的雾岚。在这座山的这些绿色山坡上,波罗的海人卡斯帕·大卫·弗里德里希②展示出那种巨大的张力,我们可以在许久以后的巴尔蒂斯的绘画里找到回响。在康德的哲学里,空间是一个属于理解力的范畴。在弗里德里希的理智里,我们几乎可以发现感性。柯勒律治呢? 他正在与同伴谈话,讨论的恰恰是崇高。他们行走在峰顶,正是走向崇高。他们如何定义崇高? 虽未达成一致,但是面对峰顶,柯勒律治提出:"⋯⋯崇高是比较能力的悬置。"

从德国回来,柯勒律治定居在苏格兰和英格兰之间湖区(Lake District)的中部山区。英国的浪漫主义从头至尾都是卢梭主义的、湖畔的、温和的。必须达到某种空气的稀缺和呼

---

① 瓦尔普吉斯之夜(Nuit de Walpurgis),中世纪民间传说中的女巫之会、魔女之会。四月、五月相交的夜晚,女巫们骑着扫帚或母猪到哈尔茨山布罗肯峰聚会,歌德在《浮士德》中提到多个相关的场面("Walpurgisnacht"、"Walpurgisnachtstraum"等)。

② 卡斯帕·大卫·弗里德里希(Caspar David Friedrich, 1774—1840),德国伟大的浪漫主义画家,出生在德国北部波罗的海沿岸的格赖夫斯瓦尔德。

吸的窒息，才能进入象征的黑夜。登上瓦尔特堡却丝毫不是一种形而上的体验。那里的大自然非常宏伟，却没有真正的野性，完全不是什么鹰巢。将这种穷尽比喻的癖好留给制造虚假崇高的高手希特勒吧。瓦尔特堡的独特之处不在于此，而是早在浪漫派的浪漫主义之前，某种人性的目光就选择让这里变成公共场所。当山坡终于成为一览无余的平地，行人顺着最后的楼梯踏上城堡前的空地，吸引目光的并非眩晕。相反，是我们感觉的某种驯服，些许柔情。

图林根森林宛如大海的波涛撞击着要塞的底部。绿色的、柔和的波涛，让冷杉的汁液变得香气馥郁，一种将人围裹起来的香气。这片骚动而油腻的冠盖可以轻易地将想象力带到天际的极远处。人在绿原上前行，或者说行走在绿原之下。他预感到树干中间的羊肠小径和林间空地，鞋底摩擦松针的嘎吱声，动物阴郁的呼吸，狍子和野猪与光影玩耍之际色彩的斑驳，或者与树叶玩耍时声音的窸窣。传到耳中的是一首交响曲的开场，一首比所有已知交响曲都更辽阔的交响曲。环绕他四周的，是无可穷尽，是丰富，是还算过得去的比喻的蔓延。一个问题突然进入他的脑海，我们是否可以创造出与"崇高"相对的词语，意指此岸，边界之下，想象的内壁。森林像大海一样温柔地拥抱着瓦尔特堡，拥抱而不让它窒息；这块孤独之地呈现给所有的启程，所有的回归。人在那里察觉不到一丝一毫悲剧的无人格性（impersonnalité）。因此，既然在词语层面上甚至连"内部崇高"的概念都是一种矛盾，我们就要发明一种比较性交换主义的新方式，让我们可以说，在发生于这片森林的内壁之内的交往中，万物生灵都可以进行既直接又可逆的变形。

哥达城堡的门框里

当我们在空间旅行时，我们不仅仅来自空间。在哈茨山和图林根之间的这片地区更是如此。从正东方向通达瓦尔特堡的道路经过许多小城市，它们的名字在我们的心灵和记忆里回响。最远的是耶拿，耶拿大学那座现代的钟楼正位于萨勒山谷的中心，连塔尖的高度都不及四周的山峰。然后是魏玛；在这个位于柏林和慕尼黑正中间的村庄里，出于一种卢梭式的对大城市的反感，歌德在一班哲学家、历史学家和诗人朋友的簇拥下，造就了魏玛的名声。在这根轴心上，城市之间的距离都是大约二十五公里。这一切可能源于马车驿站的分布吧。在到达瓦尔特堡脚下之前，首先要经过哥达。

赫赫有名的欧洲贵族谱系树，我们曾长期想象那是出自某位领主的抽屉文字。在我们的想象里，在一个陈旧抽屉里，一棵虚拟的树迎风招展，树叶沿着泛黄纸张的褶皱渐次展开。

诚然，"哥特"一词得名于"哥达"，"年鉴"（almanach）也源于一所迄今仍存在于城堡一角的印刷厂。城堡外形是四边形，实际上却由三条侧翼组成，城堡前有一条瀑布顺山坡流下，流水来自四面八方的积雪。我们一直走到入口的门廊下，在那个三月或四月的傍晚五点钟，我们朝积雪融化后满地泥污的城堡内庭张望一下，就转身离开了。此时出现了浪漫派的风景。天空的四周几乎是玫瑰色，穹顶则是深蓝色。右首正在隐退的群峰呈现出绿黄色，然而随着山峰远去，逐渐变成青黛色。山谷朝底部收缩。我们感觉到山峰的存在。那边，应该耸立着瓦尔特堡的尖顶。

空间里的透视实际上却产生于空间的后方，在人的记忆里。有人或许喜欢将目光从哥达城堡的大门延伸到瓦尔特城堡前沿的防御工事，那几乎构成一条笔直的直线，仿佛大自然的一个赤裸的和声。然而，如果那目光背靠着记忆中的贵族，它就会往前进行更深入的发掘。并非哥达贵族树的树杈，让伫立城堡门框内的观察者头上生出祥瑞的光环。瓦尔特堡四周的谱系树更新，枝叶更密、更绿。那就是浪漫主义的森林，由浪漫主义树木的枝叶所滋生的森林。确实，再也没有任何别的地方，在如此狭小的空间和如此短暂的时间里，聚集过如此众多的诗人、音乐家和哲人。这种十九世纪之交的突然爆发，如何解释？

解释层出不穷，却无任何定论。这些造就浪漫主义的男人女人们，当他们散落到德国的各个角落之后，将彻底改变我们对世界的目光。至今，他们仍然温柔而坚决地带领我们，走向地球的最远处，并且让我们相信总有一天我们终将回归。他们为我们增加对风景的热爱，让我们对春日青草的柔情难以释怀，对大河的奔流或溪水的潺潺情有独钟。他们将一种对大自然青春的强烈感觉植入我们的记忆里，那是任何工业的破坏和任何化学奇巧的歪曲都无法抹去的感受。至于说当代德国自发地采取的环保运动，那不过重新激发和强化位于源头的浪漫主义而已。或谓，那种促使年轻诗人们赞美元素与宇宙的激情最终将回归它的发源之地，化成一种日常的实践哲学，并浸透着和平的精神。

我们不妨听听海因里希·冯·奥夫特丁根的说法。他是诺瓦利斯未竟的同名小说的主人公，作者透过他来表达自己对诗歌与祖国关系的认识。"只有在离开那里并看到异国他乡后，我才学会真正认识我的家乡……今天我感觉到：祖国在我年幼的心灵里印上无法褪去的颜色，祖国的形象为我的灵魂打下一种奇异的草稿，而且随着我对以命运和灵魂两个不同名字出现的身份观察得越来越深刻，这个观念在我心里变得越来越清晰。"诺瓦利斯让他的主人公从哪里出发，而投身于寻找"蓝莲花"的漫长的人生启蒙追求？正是爱森纳赫，位

9

于瓦尔特堡脚下的城市。一个名为西尔韦斯特的人对海因里希说:"我更愿意看到你在爱森纳赫,生活在你的玩伴、父母、伯爵的绝色女人、你父亲勇敢的邻人和宫里的老神甫中间。多好的环境啊!你本该充分利用他们的交谈,更何况你是他们的独子。在我的想象里,那个地区无比宜人,极具魅力。"

诗人们散发出耀眼的光,给这片风景平添魅力。那么,何以在历史的此一时刻会突然出现这道光明?在世代的更迭中,大地与人之间是否存在某些炼金术般的联系?抑或,决定性的影响来自歌德,这位思想与感性的伟大典范?歌德决定来图林根的这个角落定居时已二十六岁,诺瓦利斯或施莱格尔兄弟那时都出生不久。在东距耶拿和西距爱尔福特都二十公里的小城魏玛,歌德很快造就某种自由的德国大学。他邀请波罗的海哲学家牧师赫尔德与医生、诗人席勒来魏玛相聚。

时间的新聚合

在数平方公里的空间里,思想活动的密集产生一种惊人的时间和空间的相对性。百科全书派的歌德是一位具有长时段感的人。他对一切都充满好奇,尤其对科学,这使他与世界、与时代的关系变得可无限延伸。他是永恒的学习者浮士德,向梅菲斯特要求并获得死亡的缓期。比如说,他进行矿物学研究并且在日后的钾矿开发中投入应用；他的想法是，矿业经营不但能确保萨克森-魏玛公爵①的财富，更有利于推进自己的大学计划。

两个世纪以来年轻的英国贵族们都去罗马和佛罗伦萨验证他们所受教育的古典基础是否坚实。和他们一样，歌德也曾多次去意大利旅行，他要实践的是时间的可逆性。第一部《浮士德》发生在中世纪和歌德时代的中间地带，而在第二部的故事里，主人公到古代胜迹进行漫长而乏味的旅行。恢复青春的欲望迫使这位学者与魔鬼缔约，他将被带往文艺复兴那边，走向世界的黎明。歌德拒绝屈服于显见的当下，他总是延后下结论的时刻。与此同时，在离魏玛三百公里处的图宾根，在内卡河谷，另一位诗人的选择是直接否认时间。

据说那是个疯子，他住在一座塔楼上，透过高塔上方的窗户，远眺泛着绿色的河水缓缓流向莱茵河。经过困厄、误解和寂寞中的三十七年岁月，他于 1843 年死去。他不断写诗，并为作品标注一些完全天马行空的日期。其中的一个，是 1940 年 5 月 9 日。纵使是疯子，仍然需要才华方能让自己置身未来。然而对于荷尔德林，诗歌时间在事实上已经永遭悬置。他具有古

---

① 萨克森-魏玛公爵，即卡尔·奥古斯特（Karl August, 1757—1828），1815 年后成为萨克森-魏玛-爱森纳赫大公。他的宫廷汇聚了歌德、席勒、赫尔德等众多文人和思想家。

人的面相,目光之独到前所未有,足以使变化停止。从这两位屹立于日耳曼文学殿堂大门两侧的"柱石"的影子后,突然跑出一群年轻诗人,在变动不居和转瞬即逝之间影影绰绰。

他们都是文人共和国的新公民。我们经常遗忘的一点是,这些男人和女人是法国大革命的直接继承人,他们以文字缔造共和国。遗忘的原因大概是他们直奔"绝对"而去,而"绝对"一词让人感到与君主和神圣的原则相距不远。还因此,他们的行动并不沾染有民主的洒脱。相反,他们与贵族暗通款曲。甚至某些人本身即为真正的贵族,比如从出身看诺瓦利斯是冯·哈登伯格男爵。对于莱茵河对岸8月4日之夜发生的事情,他们尤其继承了黑夜——黑夜的匿名性——而并不关心特权的废除。

矛盾的是,他们的革命本身就承载着特权。他们最"贵族"的特权,是能够通达诗歌的特权,但这已无涉遗传。他们承认,每个人都是力量强大的诗人。因此可以说存在一种选择性的贵族,每个人都有权获得这身份。这里有着本质性的区别。这些诗人并非愚蠢的理想主义者,他们从未抛却他们的机智(witz)。他们比任何时候都信仰努力。弗里德里希·冯·施莱格尔在《断片》中说:"须得要求每个人都有天才,但并不要抱有希望。一位康德分子会把这称作天才性的绝对命令。"

在他们那里,共和国进入文学的每个角落。形式将变成共和国性的,这就是说自身的各个标准自己确定。"诗歌是一种共和话语;这种话语自身就是自己的法律和自己的目的,它的组成部分都是有权决定联结起来的自由公民"(《断片65》)。这里讲的是内部选举作为诗歌民族的形式证据。我们可以想象比这更彻底的东西吗?同样这些大胆妄为之徒明智地看到,革命的法国并未将革命运用到法国的诗歌中。"一个禁锢于习惯的语言——法语在某种程度上正是如此——难道不应该通过一个表达普遍意志的法律变得共和化吗?语言对人性的控制是显而易见的:但语言的免疫性却很少来源于此,正如在自然法上赋予一切国家权威的神圣起源一样少。"总之,给词典戴上弗里吉亚红帽①尚需时日!

与法国相反,风雷激荡的德国见证了古典派和浪漫派的激烈冲突。其实,两种运动之间的共谋多于碰撞。魏玛的歌德和耶拿的施莱格尔兄弟毗邻而居,常常互相帮忙,互施援手。萨克斯-魏玛公国的歌德有足够的影响力把他喜欢的人任命到耶拿大学。譬如,他聘用青年诗人们的朋友、哲学家谢林,而不是费希特。然而,思想节奏和生卒年岁的重叠给人造成文化团结的假象。或许最好随时爆发一场冲突吧。至少在当前,面对青年诗人们的骚动,歌德作品所代表的奥林匹亚山

---

① 弗里吉亚帽(bonnet phrygien),指法国大革命中的激进革命者所戴的红色无檐帽,帽尖向左偏斜。

13

一般的平静让人产生幻觉。风景正在深处发生改变,更多发生在人心和灵魂的幽深处而非表面。图林根人并不触碰旧秩序的遗迹,正像法国革命者的快乐做法一样。谁会放肆到摧毁瓦尔特的旧堡垒呢?

速度与懒散

浪漫主义是一个贵族的共和国。一个通过积极的懒散联接起来的贵族的共和国。对其而言,唯一可以设想的活动就是懒散的作品。从他们那里产生的,包括今天被我们称为"文学"的那种东西。从他们那里产生的,还有反思性的、批判性的、诗歌的或翻译的文本的疯狂生产。由此创造出一个文学经典的谱系:一份哥达谱系①。由此构建起伟大文本的正典,把莎士比亚和但丁放到共同而唯一的龙头位置上,这是一件前无古人的事情。创建社团以进行无休止的讨论,这是耶拿小组的创造。如果给我们自身提供合法性的链条不被折断,我们现在以及将来都无法摆脱这种冒险。

我们要看到,在 1789 年的春天,塞缪尔·泰勒·柯勒律治

---

① 这里影射的是《哥达年鉴》(*Almanach de Gotha*)。从 1763 年开始在哥达编纂的年鉴,一直持续到 1944 年,使用的语言是法语,统计欧洲各大皇室、王室及其他重要贵族家族的情况,是欧洲最著名的贵族谱。

是如何冲向汉堡的。这位二十六岁的伦敦人心如火燎，要投身到那些他在英国腹地就预见到的讨论当中。在哥廷根——施莱格尔兄弟恰恰在数年前就从那里出发——他飞速地学习德语，更多是为了说这种语言而非阅读。他抛开同行的华兹华斯兄妹，因为那两人碍手碍脚，过度迷恋他们的威尔士水仙花。他们先行回到坎伯兰湖区。俱往矣，诗歌的战斗精神和将诗歌移植入乡村的渴望。柯勒律治的格律诗写作将逐渐结束，过渡到对康德和谢林的阅读。英国传统长期把他视作一个迷失在德国批判思想迷宫里的诗人，直到 1817 年记录他精神历程的两卷本《文学传记》(*Biographia literaria*)面世，对他的看法才略有改观。

康德革命，法国革命，工业革命。柯勒律治的例子显示出，再也没有调和(synthèse)的可能。尤其诗歌领域再也没有调和的余地。理解新现实的唯一办法，是自传。在自身历程中找到连贯的形式，成为从今往后唯一的野心。柯勒律治的诗歌冒险一下子从中间折作两半。早在费希特、谢林、施莱格尔完成他们的作品之前，柯勒律治就为了把握他们的思想而奔向德国，然而这样一来他也暴露了他作为认识主体的弱点。但是，冒险的同时，他也强有力地表达出作为诗人的他对哲学的欲望。这是由柯勒律治所开启的典型的现代悲剧，即诗歌对哲学产生欲望的悲剧。

因为诗歌只能适应两种时间形式。要么诗歌悉心追随时间的流逝，遵循"推延"(différrement)的清心寡欲，直到早已知道终将无法把握的最终展开。然而如此一来，诗歌作品将必然无法完成，只能听凭后世进行采撷式的阅读。要么诗歌遵守断片化的艺术，以确保甚至增加思想对生命的控制。其危险是可能遭遇矛盾，以及相较于生活的可预见的沉沦，艺术傲慢地宣称自身的优越感。

年轻的耶拿浪漫派要大步前进。因此他们提倡断片化的书写，也就是将高速移动与懒散结合起来的技术。一开始，我们难以在空间里每日赶上他们的脚步，因为他们在德累斯顿、耶拿、魏玛和柏林之间的交流实在频繁。在世纪交替的四年间，他们互访的密度和质量同样高得惊人。从 1797 到 1801 年，弗里德里希·施莱格尔的协调力量让他们服务于他的文学野心。他从柏林召来施莱尔马赫和蒂克，从莱比锡召来诺瓦利斯，并爱上在柏林开设沙龙的多罗西娅·门德尔松①。如果说每月都有重要事件如快马加鞭似的发生，每天则都在经历着一种延展，完全被文学和艺术的谈话所填满。因此说，速度与懒散。

①　多罗西娅·门德尔松（Dorothea Mendelssohn, 1764—1839），更以多罗西娅·施莱格尔（Dorothea von Schlegel）为人所知。她是哲学家摩西·门德尔松的长女，1797 年遇到比她小八岁的弗里德里希·施莱格尔后，不顾重重阻力与他结合。弗里德里希·施莱格尔的《卢琴德》讲的就是他们之间的爱情故事。

我们也不要忘记，死亡比生命走得更快。瓦肯罗德未能远赴耶拿就在二十五岁卒于柏林。诺瓦利斯在1801年殒命，年仅三十岁。生命比作品更早断片化。立言要趁早。一种秘密的战争使法国大革命的年轻将军们和浪漫派的头人们遥相呼应。仿佛生命的加速是命运的策略。同时代的英国诗人们也英年早逝。济慈、雪莱和拜伦都未能长寿。此外，他们都宣称更喜欢空气和水的元素。济慈视大地为伤痕。在佛罗伦萨，雪莱请求西风将他带上天空。对他们而言，诗歌是呼气而非吸气。渴望高升，渴望纯洁，渴望崇高。

新教信仰中有更多的守护天使。法国大革命填补了这种空白，开启了为人类牺牲青春的神话。天使诗人的时代来临。通过模仿和典范对他们进行复制，这在阿蒂尔·兰波那里达到顶峰。与奈瓦尔一道，这位阿登人是最属于浪漫派、最具有日耳曼性的法国诗人。从何处穿越法德边界，唯他凭直觉知晓，远胜于那些建造无用的马提诺防线的法国工程师。唯有他熟悉冷杉林、高山沼泽和高地，那就是靠近艾费尔和卢森堡的法涅山①。兰波的《灵光集》是一些用诺瓦利斯底片冲洗出来的通灵断片，其形式完美地呼应施莱格尔的定义，应当"像

① 法涅山(Fagnes)位于法国阿登地区，靠近德国的艾费尔山区和卢森堡，那里是兰波的家乡，故有此言。文中将艾费尔(Eifel，或译"埃菲尔山")写作"Eiffel"，应为误写或印刷错误。

刺猬一样缩成一团"(断片 206)。

刺猬的哲学

这个比喻非常形象。刺猬几乎只在夜间活动,需要出发觅食时,它才会打开身体,虽然踏着极碎小的步子前进,却能走极远的路程。它被贴上恶魔的标签,因为这种魔幻的动物在走动时吻部会呼呼作响。但是满身尖刺看似提供保护,其实却是多么大的弱点啊!与古典趣味——也就是说法国趣味——决裂,浪漫派发明一种超越美的"毛蓬蓬的美"。他们几乎凭着直觉理解康德——所有已知哲学家中最变态地恋家的那一个——,并给自己拓展出一片夜色中的风景,一片隐藏在森林和树篱背后、使他们与神的无限性直接联系起来的风景。在"小"与"近"之中,逐渐展开无限遥远的崇高。与其说宏伟,两者间的界限同样是直接的,若非更加直接的话。"林中路"(holzwegs)——更应译为"林中空地"而非"不通向任何地方的道路"①——的上方,低矮的山脉覆盖着

---

① 这里谈及的是海德格尔的文集《林中路》的法文翻译问题,沃尔夫冈·布罗克迈尔(Wolfgang Brokmeier)翻译的法文通译本译作"不通向任何地方的道路"(Chemins qui ne mènent à nulle part),许多批评者认为应该译为"林中空地"(sommières),本书作者就持这种看法。

一片理想的黑色森林。图林根就是如此,它被魏玛、爱尔福特和爱森纳赫所包围,除了茂密到暗无天日的无边冷杉林,还有许多林中空地和山隘,山隘的形状仿佛在这种幽暗的临近中被施了魔法。

来自波罗的海地区的卡斯帕·大卫·弗里德里希在他的绘画中表现了这一点。他的浪漫主义风景具有一种不确定性,颠倒白天和黑夜,在观看者身上产生的是一种交流,一种无以捉摸的内部不稳定的游戏。我们居住在世界的哪一面?基于永远无法知道我们的视线依靠何物这一事实,从背影来看我们只是一些形象吗?格赖夫斯瓦尔德的画家和柯尼斯堡的哲学家①早已无可抗拒地划定我们与我们对事物的理解之间的界限。我们看不到,也无法看到自身视野的另一面。这另一面迫使我们在对面放置一些物体(gegenstand),我们断言这些物体是真实存在的,它们构成科学地构建起来的现实,然而我们却不愿意承认,它们是我们构建行为的任意性产品。就像地球永恒地围绕太阳公转一样,我们在绕着物体转动,无法给我们永恒的偏心运动确定一个中心。

因此,断片最能表明这种断裂。那是一个整块的"视野",除了将它确定在自身范畴之内的科学定义,还包含着更多的

---

① 分别指弗里德里希和康德。

潜在性和相似力量。在每个断片里，在每个碎片化中，都隐藏着一个进入诗歌的直接入口。一切断片化的客体都是介于研究对象和想象对象之间的分界线和共有槛，"断裂"是我们的分析力和想象力之间最大联结点和最深渊薮之所在。想象是一个盲人，一个近视者，看得更远是因为他抓不住无限的接近。瞎子和近视者进行摸索的方式，正是诗人们接近科学之处。无论诺瓦利斯还是歌德以及华兹华斯，都对矿物学、地质学、化学情有独钟，他们试图抓住纯粹理性和想象理性之间的联系，然而康德却通过分析的方式解开它们之间的复杂性。

很快，这种形式分析将不能一直保持悬置在虚空中的状态。人并非生活在纯粹的思辨性当中。谢林——耶拿小组的朋友——在《自然哲学》中坚持断片表达法的同时，又重新将合法性赋予此岸与彼岸、主体与客体之间的联系。主体与客体之间得以和解，或者更恰切地说，重新扎根于一个共同的基座之上。中世纪哲学对主体与客体的撮合，经由斯宾诺莎重新激活，将一种被称为"产生自然界的自然界"的创造性自然与一种被称为"被自然界产生的自然界"的被创造自然结合起来；这种撮合的回归解决了令人不安的断裂。如何解释实体可以显现于特殊之中、个体经验的"断片化"之中，这成为谢林的主要关切。他设想，在每个独特经验中，每个单独的"这个"都被许可接近世界的灵魂，这就是说"其他事物作为其他的可能性,而且这些其他事物又与另外的其他事物在无限中相联接"。因为"灵魂是无限在有限中的一种真实而鲜活的存在"(断片 93)。

对谢林和他的诗人朋友们而言,大自然如此深刻地成为一个令人向往的回归所在,而且那是一种联接瞬间与空间的回归。诗人渴望回归"平静",因为实体的本质正是"平静,平静的图像是空间,而空间就是平静本身"(断片 88)。按照他的设想,对深厚祖国的眷恋极其强烈地表现在个体出生的故土之上。由此产生出诗人与民族——作为众多生命临世之地的民族——之间的特别联系,这尤其成为德国浪漫主义的特征。我们当然也不能忘记,法国大革命最早通过枪炮将这种联系强加给欧洲各地,而且在那之前,法国的新政权已经以"法兰西民族"之名把它强加给法国。

当我们身处魏玛的中心,望着这座歌德小城北面的布痕瓦尔德葱郁的高地,我们如何平静地、带着"空间的静谧"思考浪漫主义①? 难道说一个预谋的野蛮行径打定主意,要玷污、要败坏浪漫派大师们置于他们出生的祖国之上的微妙的视觉联系吗? 还是说这哲学与这杀人的谷坡之间存在某种更为深

----

① 这句话的背景是,在布痕瓦尔德有纳粹德国建立的最早、最大规模的一处集中营。

21

刻的共谋关系？

未竟的授粉

1799 年,热尔曼娜·德·斯塔尔跟随大语言学家洪堡学习德语。她是日内瓦人、银行家内克的女儿,哪怕在攻占巴士底狱事件后依旧生活在荣耀和社交生活的虚荣之中,对她而言将兴趣转向德国的决定是一种皈依行为。不仅如此,这一行动还意味着抗拒拿破仑对她的仇视,正是这种仇视把她挡在法国之外将近十五年之久。哪里都比不上巴黎的光芒,流亡在那个时代的德国土地上,意志与哀愁总在这个女人的羁途苦旅中折磨着她。1803 年 12 月,在魏玛,斯塔尔夫人拜访歌德和席勒,随后在次年三月,她在柏林结识奥古斯特·威廉·施莱格尔。这个感情丰富的女人肯定魅力无穷吧,因为奥古斯特甘愿为她抛弃"浪漫主义",并作为其孩子们的家庭教师追随她的左右。他再也没有离开她,直到她 1818 年辞世。

十年的辛苦写作,虽然经常被旅行中断,尤其 1811 年去维也纳时她曾把手稿托付给奥古斯特的弟弟弗里德里希保管,却终于迎来《论德国》1813 年在英国的出版。这部著名的随笔集成为德国浪漫派在那个时代的法国文学里存在的唯一见证。无论如何审视,书里都只字未提诺瓦利斯、蒂克、施莱尔马赫甚或弗里德里希·施莱格尔。旅行者的信息怎么会如此肤浅？如果我们想到，几年前和他的弟弟在耶拿创立《雅典娜神殿》(*Athenaeum*)杂志的奥古斯特·施莱格尔，正是热尔曼娜·德·斯塔尔的信息源泉，这件事情会显得更加神秘。源泉就在她身边，须臾不曾离开，她可以随时咨询、对质。

我们难以相信，奥古斯特会因为 1804 年发生在两兄弟间的龃龉而消灭耶拿文学小组存在的一切痕迹。我们更应该提的问题是，小组的创建者们是否意识到他们自己作为文学运动而存在？是否可能只是后世的历史将那一时刻变成一个运动，赋予它以思想史和欧洲心灵的显赫地位？我们知道，历史是通过对视野的压缩化和概括化而构建起来的。热尔曼娜·德·斯塔尔对德国的思想家们和作家们采取的方法缺乏必要的距离，更像一个记者的文笔。人们在魏玛首先看的，是席勒和歌德的形象。两人不动如山。"浪漫派"的年轻诗人们却永恒地在运动，要么已经远走，要么高飞，要么早早地被死神带走，要么受游牧之心的诱惑奔赴柏林或海德堡。

然而，浪漫派在《论德国》中的神秘缺席并非完全由我们的日内瓦随笔作家的信息不全所造成。浪漫派在本质上就希望是漂浮不定、无以捉摸的。浪漫派赋予自身一种断片性和未竟性的美学。耶拿和随后的德累斯顿各自不过至多数月的融洽相处，今天的历史学家们在分析时却把它们视为连通一致的存在。存在的只是一些痕迹，或者正像诺瓦利斯给自己的《断片》所取的题目那样，是一些"花粉"，等待批评界的工蜂们四方扩散。

我们可以认为结果已经达到，"授粉"一直活跃，不停地把过敏性种子撒播到一切看似综合的事物之上。耶拿之后两百年，法国仍然有人期待实现一种野心，那就是一个编年性的、传记性的、思想性的研究能概括整个无以捉摸的运动。我们或许可以将罗热·艾罗于 1969 年编撰的十卷本著作视为博学的皇皇巨著，但是我们不得不承认的是，那并非清晰著作的典范。阿尔贝·贝甘曾经用一串闪亮耀眼的钥匙打开浪漫派的灵魂和梦想。就在不远的昨天，让-克里斯托弗·巴伊重新出版莫里茨、诺瓦利斯、施莱格尔、蒂克等人的作品，题名为《消散的传奇》(*Légende dispersée*)。

消散，传播，授粉：这些词语让我们想象，浪漫主义的观念就仿佛耕作一块田地，那是一片人迹罕至的牧场，结籽的野草在风的吹拂下摇曳而非在镰刀下低头，并且通过"分蜂"(*essaimement*)得以逐年繁殖。在浪漫派那里，暗喻成为一种活跃的语言行为，而不像在旧修辞术里那样仅仅具有装饰性。形象在语言的正面几乎不可见，哪怕有语文学的苦苦寻觅仍然在折叠着，隐藏着。从谢林到尼采、海德格尔或者德里达，激进的语文学"收割"变成哲学授粉。

年轻浪漫派的思想者们划出一个祖国的边界,随后却只能背叛。他们很快就超越昙花一现的共同体,他们对自己消失了,转而重新拥抱社会。试图获悉他们日后的变化,这有时不啻一种冒险。斯塔尔夫人死后,奥古斯特·施莱格尔于1825年被任命为波恩大学校长,并且此后又生活了25年。弟弟弗里德里希于1808年改宗天主教,并将奠定印度语言和印度-日耳曼语言学研究的基础;随后他投奔奥地利,在维也纳会议上扮演官方的角色。尽管除了因亲和力的吸引而短暂聚集之外,他们的共同体冒险本身再无其他政治计划,社会此后重新行使它的权力和法则,换句话说,它不可动摇的合法性的进程。诗歌再次显得像一个无法接近的君主国在大地上的投影。天使们刚一下凡,却重又飞回天上去啦!

2

音乐席卷诗歌

山坡和谷底的汤豪塞

让我们回到 1842 年。春天已到，空中却飘起鹅毛大雪。德国爱森纳赫附近的一条道路上，一辆马车朝着德累斯顿的方向艰难前行。车上坐着一位三十岁左右的年轻人，身边是他的妻子米娜。这对从巴黎返乡的夫妇情绪不高，因为音乐家并未获得他觊觎的成功。三年的困厄生活，尝试在巴黎歌剧院上演歌剧却屡试屡败，瓦格纳最终不得不接受到德累斯顿出任"乐队团长"（Kappelmeister）的职位。就像维克多·雨果诗中，大雪飘落在落荒而逃的拿破仑军队头上。突然，在一片晴朗的天空下，在冷杉树林上方，瓦尔特堡的巨大身影蓦然出现在眼前。

后来，理查德·瓦格纳在《自传》中讲到这个先兆性的画面。一时间，随着车轮滚动，他的想象活跃起来。他把注意力投注到风景的细节——山坡与山谷上。他写下许多笔记，它们将成为一部歌剧的布景指示。在从爱森纳赫到哥达沿途高达千米以上的山峰中，他特别选定传奇的赫塞尔堡山。在瓦格纳的首部歌剧《汤豪塞》中，地理象征被设计为具有强化情节的功能。

在那片景色温柔的山岭脚下，年轻浪漫派诗人们——瓦格纳的前辈——曾经沿着蜿蜒的山路踽踽独行，黄昏的掩映让他们若隐若现，直至最后消失在山间。瓦格纳与他们不同，他毫不避讳地理的技巧。背景的迥异，其实是质的改变。他的背景体现一种粗糙的话语，所有的细腻和渐变都通过音乐的音色来实现。这样，戏剧背景明确宣示的是人们对大地和空间的依恋。

在《汤豪塞》中，两座山峰遥遥相峙：瓦尔特堡和赫塞尔堡。虽然两峰的实际地理距离不过十数公里，它们各自代表的思想与精神的风景却有天壤之别。一边是基督教之山，另一边是异教徒之山。一边是邻人之爱与美德之所在，另一边是淫逸与放纵的渊薮。纵目远眺山谷中的道路，香客、苦修士和棺材络绎不绝。

人们俨然回到中世纪教堂广场上的神秘剧中。在这里，大自然取代了教堂，但情节形象像古老寓言一样流于简单化。浪漫主义革命给德国心灵带来的轻盈与嘲讽精神彻底消失。瓦格纳无情铲除的是轻浮与沉思之间的微妙平衡，而那正构成启蒙时代与新精神之间的神奇分野。此外，他的行事方式具有一种令人难以置信的暴力，一种巨大的粗暴，无论音乐多么甜美都无法抹去的暴力与粗鄙。为了躲避恶魔的追踪，浪漫主义的小红帽们曾经沿途洒下许多细微的碎片，在朦胧夜色中浑然难辨。瓦格纳拾到这些碎片，进行吸纳和消化，将一切东西都转化为一种地理-音乐的面团，然而无法掩盖的，是他欲望的粗暴。

人们一般无法抵挡这种暴力美学，会难以自拔地沉醉其中。当瓦格纳受拿破仑三世之邀重返法国时，他的音乐终于俘虏一批强悍的拥趸。值得一提的是，拿破仑三世是法国帝王中最德意志化的一位，他曾在康斯坦斯湖①畔用德语接受教育。瓦格纳的捍卫者当中，首推波德莱尔。虽然，波德莱尔对瓦格纳的认识往往出于误解。诗人具有一种自我激发双重想象的能力：在这方面，爱伦·坡的例子最著名。这种能力会激发许多充满幻想的可能性。

---

① 康斯坦斯湖(lac de Constance)，位于瑞士东北、奥地利西北和德国西南之间，又依照德语译为"博登湖"(Bodensee)。

波德莱尔首先是一个矛盾的人，一心想着摆脱同时代人的愚蠢。他担心的是，面对巴黎人的批评性反应，德国人会怎么看待法国人？当然毫无看法，因为分裂早已产生。波德莱尔似乎忘了，瓦格纳及其音乐就是以明确反对法国式的"高雅趣味"而确立起来的，因此，他对法国反应的否定并不具有自我批评的力量与清醒。有两点让波德莱尔喜欢瓦格纳：一是瓦格纳音乐的说服力量在他身上产生的物理反应。瓦格纳像浪潮一样。波德莱尔在音乐会上闭上眼睛，感到"仿佛被劫持到天上"。

对这位法国诗人而言，瓦格纳意味着他自己的诗歌理想："音乐总像大海一样攫住我。"用弦弓击打大提琴，波德莱尔在诗歌上很久就精于此道。但使用词语的诗歌却不具有纯音乐的气息和连续性。济慈和雪莱早就说过，灵感不能像"风吹船帆"一样长时间鼓起肺，不能长时间支撑诗歌，因此诗歌会很快摔落下来："有时，波平有如大明镜……"①在波德莱尔身上，有对音乐的渴望，音乐语言的"空白"能直接作用于想象，以至于他只愿意将音乐视为诗歌，"诗歌作品"。

对波德莱尔而言，《汤豪塞》实在具有优秀诗歌的一切品质。他在形容各部分的衔接之良好时，不惜使用不规范的词语"串联"。我们仿佛听到爱伦·坡将"一首诗的诞生"借用于

---

① 戴望舒译，出自波德莱尔《恶之花》中的诗歌《音乐》。

对瓦格纳的作品的描述。从这种意义上来说,波德莱尔和瓦格纳都无疑是现代的。

诗人之间的战争

音乐对诗歌的劫持令波德莱尔沉醉。1861 年 3 月 13 日《汤豪塞》在巴黎歌剧院上演时,他忘情地闭目倾听。尽管如此,这种劫持无论如何都不像表面看起来那般纯粹。我们可以遥想维纳斯堡把性感的声音传送到听者的耳腔之际的沉醉。波德莱尔诗歌均衡之中所特有的柔和与美妙,必然与带着震颤爱抚维纳斯山洞中熟睡的汤豪塞的合唱队女声遥相呼应。

然而稍加思考,连波德莱尔都不得不承认,这种音乐艺术强迫戏剧和诗歌的书写接受它的规则,其实是一种专制。他在文章开头重新强调"应和"的美学理论,这让他的分析无法深入下去。波德莱尔的审美愉悦建立在通感的基础之上,然而这种各种感觉的互相交换从创世以来维持不变,"自从上帝说世界是一种复杂而不可分割的整体那一天起,事物就一直通过一种相互间的类似彼此表达着①"。

---

① 波德莱尔,《理查·瓦格纳和〈汤豪舍〉在巴黎》,载《波德莱尔美学论文选》,郭宏安译,人民文学出版社,1987 年,第 556 页。

33

如何指责艺术家的"极权主义"，或者说在这种情况下，如何阻止他去完成以寻求应和之和谐为宗的总体作品？音乐在波德莱尔所追求的事业中具有根本性的地位。对波德莱尔及其继承者——日后获得瓦格纳启示的象征派或帕纳斯——而言，音乐就是整体艺术，是最崇高的诗。然而，波德莱尔在关于瓦格纳的文章里满怀激情地提出的这个假设所掩盖的，同时也是使他的智力受到遮蔽的，是那部戏剧的主题。在法国诗人这里，不存在任何距离，他的认同毫无障碍，他本人就是汤豪塞。这种认同的原因首先在于波德莱尔在歌剧中所发现的那种大分裂，那种"地理学意义"的裂缝。

　　和波德莱尔一样，瓦格纳-汤豪塞遭受一种双重的假定所带来的撕裂。一边渴望飞升和轻盈，另一边渴望身体快乐之深渊。对此我们很难提出异议。身体和灵魂的分裂是贯穿波德莱尔的诗歌乃至整个十九世纪的重大冲突之一。在瓦格纳身上，波德莱尔辨识出自己的影子，那是他的复制品。他至多写道，维纳斯如何从古代就在滑向地狱、撒旦化了，"并非没受损害地穿越中世纪恐怖的黑夜"[1]。

　　因此，知识与罪恶密不可分地联系在一起。然而，矛盾的

---

　　[1]　波德莱尔，《理查·瓦格纳和〈汤豪舍〉在巴黎》，载《波德莱尔美学论文选》，郭宏安译，第562页。

是,这种不和谐的联合却可以被音乐的快感所超越。在波德莱尔看来,音乐是使人可以将两种无限连接起来的唯一一种享乐的学问。正是在这种意义上,波德莱尔在西方的诗学大讨论中占有一席之地。通过音乐,人可以知道、可以学到什么? 波德莱尔的答案是:"任何发育得很好的头脑自身都带着天堂和地狱这两种无限,并在这两种无限之一的任何形象中突然认出自己那另一半"①。诗歌是衡量这两种无限之间的距离的尺度,是对这种撕裂的探测。音乐引导我们获取的知识,是关于一种清醒而痛苦的意识的知识。唯有音乐能给人修复和弥合这种分裂的寓言性力量。

　　这就是波德莱尔本能地信任瓦格纳的原因。臣服于瓦格纳,就像为了镇痛而求助于鸦片药剂。瓦格纳的音乐的确具有些许疗效。瓦格纳的音乐散发出的充满快感的和解幻觉,让波德莱尔感到平静,然而诗人是否分析过真正的要害? 他是否放弃了自己知识的清醒? 更糟糕的是,那是毫不犹疑地将诗歌交给音乐。这既是我们不禁要问波德莱尔的问题,也是问那些宣称是波德莱尔信徒的人。诗歌应为它的知识付出什么样的代价? 而首先要知道的是,那又是什么样的知识呢?

----

　　①　波德莱尔,《理查·瓦格纳和〈汤豪舍〉在巴黎》,载《波德莱尔美学论文选》,郭宏安译,第567页。

《汤豪塞》情节的意义正在于此。瓦格纳把情节建立在一种准确的历史现实的基础上,故事就发生在瓦尔特堡。歌剧剧本把我们带到图林根的领主赫尔曼一世的宫廷,约1206—1207年,当时在举行一场在13—14世纪的君主宫廷里常见的歌咏比赛。比赛的主题是护国王侯的光荣。参赛者都是当时德国最伟大的一些诗人。出席的人包括沃尔夫拉姆·冯·埃申巴赫,《帕西法尔》——改编自克雷蒂安·德·特鲁瓦的《圣杯传奇》——的作者;瓦尔特·冯·德尔·弗格尔瓦伊德,伟大的抒情诗人;以及海因里希·冯·奥夫特丁根,诺瓦利斯为他写了一部同名小说,但未完成。

写于同一时期的《吟游诗人的战争》说明三位诗人的确曾经相遇过。瓦格纳在脚本中随意改变参与者的人数以及名字。他在比赛中引入与三位诗人大致处于同一时代的第四位人物汤豪塞。他的诗歌富有感性,他喜欢女人的身体,他被囚禁于维纳斯堡的传说即源于此。瓦格纳不仅选择将他作为歌剧的主人公,而且出于剧情的需要任意地把他和海因里希·冯·奥夫特丁根混为一谈。以浪漫派的中世纪热情为名义,在瓦格纳和诺瓦利斯之间进行如此粗暴的直接比较,这至少是会引起争议的。

瓦格纳的音乐不仅像暴风雨般卷走历史的真实,它更以悲剧性的方式摧残诗歌的真实。在马车行进的耶拿道路上,作曲家眼前晃过先行的青年浪漫派旅行者们的影子,他要超越他们,并抹去他们的痕迹。

暴风雨过后

《汤豪塞》是一场暴风雨,是一场跨越音乐与诗歌的艺术革命。今天,我们更能理解尼采关于瓦格纳魔力的警告。在拜罗伊特首演伊始,尼采就中了魔法,他曾因此而梦想把生命献给作曲家。我们说尼采日后反悔,这种说法的分量不够。反悔的概念不属于尼采了,他在自己的身体内与瓦格纳作战,正像一位研究者靠经验开发疫苗,开发把身体从阴险的感染中解放出来的抗体。瓦格纳的音乐就像毒药,破坏人体的细胞和血液。

尼采的抵抗达到一种史诗的维度。人们或许记得,《瓦格纳事件》1888 年写于都灵,正值尼采走向疯狂之际。尽管这场发作距离我们已有百年时间,它仍然以绝世预言所具有的准确性让人心灵震颤。当尼采说瓦格纳是一种疾病,他或许把它与自身的病痛相混淆了。现代社会就是一种病。瓦格纳创作的音乐力求打动"现代灵魂的三种感觉"。那是一种暴力的、造作的、幼稚的音乐。

对现代性的分析已经达到了目标,但是尼采的诊断却变得越来越鞭辟入里。他的某些语言显得比任何时候都在我们头上的某处盘旋,子弹尚未射出,等待着目标暴露出来。比如他这个最令人揪心的预言:"民族战争和教皇集权主义殉难的时代,这全部的、现在欧洲形势所独具的幕间的特点,事实上协助这样一种艺术,就像瓦格纳的艺术,获得一种突如其来的荣誉,但没有担保它的前途。德国人自己没有前途……"①

用断片的灵光,尼采抵抗瓦格纳音句的帝国主义。他狂暴而精确地操持着地理学家的榔头,试图勾勒出"机智"被抹去的轮廓。事实上,就像哲学上的黑格尔一样,瓦格纳将浪漫派曾经细腻地勾勒出的讽刺精神粗糙地回收利用,并使之服务于辩证法动因以产生一种集体的继承。瓦格纳有的是综合,甚至只有综合。"他成为黑格尔的继承人。理念做的音乐……"

或许瓦格纳歌剧传递的,其实是对讽刺的仇恨。或许是作曲家对于他在巴黎的失败耿耿于怀,他越来越深入传奇与神话的森林,完成赫尔德或格林等民族理论家们拟定的计划。浪漫派自始至终保持着对于独特性的可怕暧昧。那涉及的是单独的一个个体,或者要将群体"变得独特化"?因此,尽管我们明白无误地看到瓦格纳音乐内部争论的个体之间会发生冲

---

① 《尼采反对瓦格纳》,中译本见《瓦格纳事件 尼采反对瓦格纳》,卫茂平译,华东范大学出版社,2007 年,第 126—127 页。

突,冲突各方却最终比不上主题的独特性那么清晰,主题的独特性以强大的力量超越个体,并让个体屈从于主题。在瓦格纳那里,个体性完全变成一种"音乐民族"的工具,服务于它的所有目标。

耶拿派的诗人们早已奠定一种国际美学语言的初步基础,那种语言自身既具有个体的独特标记,也具有个体消失的标记。这源于身体与精神的游牧性,源于构成团体的各种亲和力的不稳定性。其中,多个个体总处于不断的对话状态,那个团体成立后并非一成不变,而是随着难料的世事不断解散和重组。然而,瓦格纳剥夺演绎者——《汤豪塞》里的诗人们——的话语权,他既消除又颂扬他们之间的争端,使他们的独特性臣服于音句更高亢而且更专横的独特性。

在陷入疯狂前,尼采一直与所谓德国人的"沉重精神"作斗争,而那种"沉重精神"则成形于瓦格纳。透过瓦格纳的音乐,换句话说,自从德国摆脱了浪漫主义运动的讽刺并建立起体制之后,德国才对自身显现出来。拜罗伊特自身就是一个对浪漫主义的曲解,并且还引出数目众多的复制或模仿。比如在英国,斯特拉特福犯的就是这个错误,朝圣者们纷纷到盎格鲁-萨克逊文化的颂扬者——莎士比亚——的思想里领圣体。爱尔兰民族主义者们对于叶芝及其盎格鲁-诺曼底封建性之梦就抱有同样的观念,然而"尼采式"的讽刺家乔伊斯就快乐地亡命欧洲各地,唇角带着世界主义者的微笑。

瓦格纳选择在图林根森林的南面建造他的剧院,他建造的不仅是一个适于聆听歌剧艺术演出的绝佳的视听殿堂,他签下的建造文件还构成绝佳的民族合法文件。尽管在剧院动工的当天(1872年5月22日),他明确反对这一点。然而在此前的一个世纪里,德国音乐曾经从一个皇室宫廷到另一个皇室宫廷四处旅行,这种运动被他粗暴地打断。同时他还表明,艺术就是政治。这位身兼自己作品的诗人与导演的"暴发户"作曲家,具有一种独裁者的气度。艺术家成为艺术的独裁者,开启艺术独裁的道路。

爱森纳赫的对话

爱森纳赫没有成为拜罗伊特,实在是幸事。假如让巴赫的出生地成为一种权力机构,那会是极大的亵渎。幸运的是,这位音乐家摆脱了十九世纪对"地点精神"的喜好。诚然并非因为它不存,而是如何宣称把一个源头活水凝固下来。音乐具有流水的属性,能奔腾能流动,我们不明白为什么要破坏以巴赫为名的澄明回响?即使他的名字在起源上指的是流动音乐家的职责,绵延无数世代的巴赫音乐世家都成为他们职业的代名词。

巴赫故居是弗劳恩普朗广场上的一座长形建筑。登上几级台阶就可以到达那里。面对渴望获得音乐知识的听众，几位刚从耶拿或爱尔福特毕业的年轻音乐学家一板一眼地弹奏出强力的和弦。另一个地方，有人在讲解室内管风琴的风箱。墙壁上和玻璃窗下，到处都展示着乐器。这里展示出的音乐首先是被做出来的音乐，或者有待做出的音乐。器乐。要想象这种音乐的声音部分，要去往东两百公里外的大城市莱比锡，到圣托马斯教堂。莱比锡，那里是理查德·瓦格纳的故乡。

地点和乐器的分离是巴赫音乐的关键。在他那里，作品是各种际遇、会面和订购的结果。这是一种符合欧洲十八世纪音乐生活的图景。首先，巴赫不断地旅行。十岁父母双亡，他离开爱森纳赫去奥尔德鲁夫，一位叔父接纳了他。十五岁时，他独自前往德国北部的吕讷堡，那是一个离汉堡不远的地方。在策勒，通过与许多在南特敕令废除后逃出法国的胡格诺派流亡者的接触，他学习并掌握了法语。十八岁那年，他返回魏玛，被荐担任阿恩施塔特的管风琴师，而后又辞职去吕贝克向管风琴大师布克斯特胡德学习。所有这些机遇都使他有机会尝试各种经验。

他先在米赫尔豪森取得短期合同，然后据此获得返回魏玛的资格，并从 1708 到 1717 年任职于魏玛公爵的小教堂，他的大部分声乐作品都在那里完成,其中包括几乎每月一首的康塔塔。在被任命为克滕的乐队团长的六年期间,他重拾器乐,尤其创作出著名的《勃兰登堡协奏曲》。声乐和器乐的综合发生在莱比锡的圣托马斯教堂,他从1723年直到1750年死去担任那里的教堂唱诗班领唱(Kantor)或合唱团团长。他的清唱曲和受难曲都创作于那里。

我们无法想象一种比巴赫和瓦格纳之间更鲜明的对比。在两者之间做出选择,这并非一种游戏,而是必须表明态度。要选择立场,这关系到一个人想构筑什么样的世界,以及决定生活在什么样的世界里。这种选择指向两个针锋相对的方面:一方面是精神愉悦的激情,驱动生活的一切力量并使之高雅、使之改变、使之在光明中得以塑造;另一方面是取悦于黑暗的潜意识,人本能中充满幻想的那部分,趋于混淆而非清晰。瓦格纳的音乐带有宿命的沉重,巴赫的音乐带来自由选择。这就是巴赫迫使瓦格纳分子不得不表明态度的原因所在。

这两种音乐诞生于同一片土地上,靠近同一片森林,森林里的同样一片树林却似乎赋予同样一个双簧管两种完全不同的音色。两种音乐对我们施加如此大的影响力,以至于编年顺序为之改变。它们比任何其他作品都能触动时间,触动我们对时间的感觉。一个人完全可以喜欢巴赫的十八世纪甚于瓦格纳的十九世纪,而不被贴上保守主义的标签。我们可以更喜欢巴赫,甚至于哀叹音乐遭到瓦格纳的彻底毁坏。我们永远都无法理解的是,除了巴赫是路德继承人这一原因之外,尼采拿来与瓦格纳对比的为何是比才而非巴赫。他到底多么憎恨德国精神啊!

巴赫不是德国人,巴赫不属于任何国家。正如莫扎特并非奥地利人。巴赫来自对位法和复调的国度。属于一个时间,而非属于一个地方。巴赫生长在一片与中世纪勃艮第相毗邻的森林边上,他眼里更多看到的是奥克冈和若斯坎,而非别的音乐家。正如但丁,他是一个入世的人。像但丁一样,巴赫把音乐设想为一场在高海拔处的旅行,一种朝着光明的渐进。他身上没有任何对痛苦的顺从,相反他渴望寻找出发的机会。对这个前浪漫主义者而言,他操心的不是无限,而是确切的限定。

然而,要讲话才能看清事情。巴赫是一个对话的人。当我们进入《勃兰登堡协奏曲》,正像靠近在沙龙里谈话的人们。那是一个明亮的空间,阳光透过落地窗射进来,窗外是一座法式大花园。墙上是高大的镜子,天花板上挂着的水晶分枝吊灯熠熠闪耀。我们就在那里,倾听着,逐渐融入周遭的氛围,跟随词语前行让人心情舒畅,句子给人的画面是人在步行,往句子前面凑近,同时那些句子还考虑到身后跟随的人。如果你想说话，只需微微前倾身体，任凭自己被倾听抓住即可。巴赫的那种极具现代感和都市化的节奏大概就源于此，而在与这种节奏合拍的北美大都市里，音乐对话就以爵士乐的形式出现。

山脚下的花园

约翰-塞巴斯蒂安·巴赫的欢悦从何而来？时间让巴赫音乐远离它创作的时代，后又被带到理查德·瓦格纳的德累斯顿和拜罗伊特，并变得面目全非、几不可辨。尽管如此，时间无法阻挡我们发现，那音乐依然新鲜如初。与任何可比较的艺术作品相比，巴赫的音乐都更强烈地让听者置身于一种直接的、无时间性的当下性。在这里，流水的形象再也恰当不过，其属性是它无时无刻不在变动之中却总能自我保持。约翰-塞巴斯蒂安·巴赫具有流水的欢悦。在他那里，艺术家的意志消逝在作品的流畅性当中。

这种流动性应该有一个源泉。那源泉肯定寓于音乐家的技术之中。但巴赫首先是一个有信仰的人。《圣马太受难曲》中的每个音符都传递出的自信，连表达基督痛苦的休止音符都无法打断，让人感觉到一种对生活的绝对信心。一种解释是他的基督教信仰。然而我们难以想象，如此伟大的均衡感仅仅来自他的宗教信仰。因为他的世俗作品里也有同等的欢悦，无论协奏曲还是世俗康塔塔。或许正是尘世与天国之间完美的连续性，赋予巴赫超凡脱俗的特性。在他那里，人性和神性获得无与伦比的和解。作为圣托马斯教堂的唱诗班领唱，巴赫有时仿佛撰写《神学大全》（*Somme*）的神学家转世，预见创世靠着人与神的默契共同完成。

地理是否在这种和谐里发挥了作用呢？在爱森纳赫，弗劳恩普朗的巴赫故居后部有一个花园，我们在那里可以明显看出今天园艺应该具有的一切，却不知道花园里的哪些东西来自巴赫的时代——他的童年。但是游人们仿佛被音乐席卷，他们坐在花园的长凳之上，呼吸鲜花的气息。四五月间，花园变成一个羽扇豆花的盛会。水粉画颜色的鲜花像雄健的笔杆一样挺拔。它们透出一种稍显粗粝的气势，散发出一丝暗含辛辣的香气，但是玫瑰色的色调深浅不一，浅蓝、橘紫或雪白，一下子让它们与图林根天空的颜色衔接起来。羽扇豆花尽情地朝垂直方向伸展，朵朵花瓣让人想起某种复调的音乐。在旁边低矮而枝叶繁茂的深紫色牡丹的映衬下，一种大调小调相间的天然乐曲形成了。

巴赫花园往上四百米，在马林大街（Marienstrasse）的上方，就矗立着瓦尔特堡的棱堡。要沿着一条弯曲的小道走很久才能到达那里。然而，学着他的伙伴或哥哥的样子，一个八岁的年幼步行者能毫不犹豫地穿越树林。我们不知道是否有人曾经这样联想,但是在弗劳恩普朗广场的近处,这种高度之间的毗邻,是否是巴赫攀升的欢悦的关键因素之一?诚然,在那个时代童年十分短暂,短到无法作为自然的纯洁无瑕而被人经历。巴赫比华兹华斯早一个世纪出生,后者是坎伯兰湖区长大的孤儿,他有一句名言是"孩子是人类的父亲"。约翰-塞巴斯蒂安也在十岁时失去父母。这在他的生命里划出一个决定性的断裂,他将不得不改变住所和视野,开启持续多年的漫游。

瓦尔特堡俯瞰爱森纳赫花园,这座无法接近的封建城堡并非一个等待欲望填充的空洞形式。那里有一段历史。瓦格纳的浪漫主义想象将会攫取中世纪,一个城堡里的厅堂响彻诗歌歌咏比赛声音的时代。依照阿基坦宫廷的样子,图林根公爵在他的城堡里聚集起德国文雅阶层里那些最伟大的诗人。这些诗人就预定的主题展开讨论、论战和对话。那时的诗歌不害怕参与社交事务,甚至社会事务。接下来,音乐上发生一种断裂。诗歌抛下音乐,任凭它在声音和乐器的游戏里自言自语。然而,尽管身处十八世纪的沙龙时代,巴赫却与行吟诗人的社会存在完美的持续性。

但是瓦尔特堡里回响着其他许多声音,尽管瓦格纳让整片图宾根森林都充满着号角和铜管的轰鸣,试图让他的音乐暴风雨抹去所有其他声音。瓦尔特堡是德国心灵的神话诞生地。随着 1521 年马丁·路德被囚禁于城堡的高墙内,历史于斯遂成神话。这位奥古斯丁派布道者所陷入的政治冲突,包含构成一部优秀间谍小说的一切要素。路德先后在爱森纳赫和爱尔福特求学,1512 年起在维滕堡的奥古斯丁教派修道院里担任教师和布道师。1517 年 10 月 31 日,他把《九十五条论纲》贴到城堡和大学的教堂大门上,引发了一场轰动欧洲的丑闻。《论纲》对教廷具有巨大的破坏性,因此让罗马大为震惊。它们先后招致一个训令和一场审判。1521 年 4 月,路德到沃尔姆斯议会接受审讯,面对查理五世皇帝,这位宗教改革家寸步不让。

无比的英雄主义使这位奥古斯丁派神学家面临莫大的危险。"我是上帝话语的奴仆",他对着皇帝大声喊道,这是在重新找回那种造就原始基督教的反抗精神。被神圣罗马帝国判处流放后,路德重返维滕堡。然而半路上,他遭到了劫持——今天我们说绑架——,绑架他的骑士效忠于萨克森选帝侯腓特烈。他被带往瓦尔特堡,并获得一种新身份。乔治骑士将成为他的名字。

空中的修士,在森林上方

假如莎士比亚对宗教问题感兴趣,他会爱上这段历史。

米什莱为之着迷。那是西欧历史上最重大的事件之一。从1521年5月到1533年3月,在将近一年的时间里,这位成为维滕堡大学神学教授的奥古斯丁教派修士一直是萨克森选帝侯的人质。后者将他囚禁到一间镀金的牢房里,给他一个假名,实际目的却是要保护他不被敌人陷害。事实上,教廷警察在行省的道路上四处打探,想逮捕他,带他到罗马的法庭接受审判。一种宗教和一个神话就此诞生。当那个神圣的反叛者被囚禁在图林根森林深处的城堡里时,他声名渐隆,远播四方。一种民族运动正在形成。

身陷孤独的路德经历许多内心的反省,这让他因怀疑而摇摆。他那间今天游人如织的斗室,狭窄的空间想必让人的精神和肺脏都同样窒息,他因此噩梦连连,幻觉频频。他看到了魔鬼。是否魔鬼尤其在新教那里出现?加尔文在《基督教要义》的前言中也言必称魔鬼。或许这魔鬼不过是恶意识(mauvaise conscience)释放的形象化。在我们如今身处的地方,即一个强力去基督教化的世界里,我们难以想象,与罗马的分离会激起心灵怎样的震动。这种连根拔起,这种痛苦的分裂,是一种冒险,基督徒转身投入怀疑和不确定性的海洋,表现出前所未有的冒险精神。他们最后登陆的,将是地狱还是他们渴望的新耶路撒冷?

他们在游戏,在拿灵魂冒险。他们深深的信心完全可能转变为怀疑的深渊。用帕斯卡尔的术语说,他们在打赌。他们用来做赌注的是灵魂的救赎。如果说这一点对我们已不再那么重要,那是因为他们最终赌赢了。然而对于身处劳苦牢狱的路德而言,他工作,他评论,他翻译。然而矛盾的是,虽被固定在一个日后变成朝圣地的空间里,路德却让宗教与地点脱钩。他使教会摆脱那些与异教仪式密切相关的一切。既没有圣物也没有圣徒崇拜,当然也不去圣徒产生奇迹之地朝拜旅行。对路德而言,教会不再维系于地点——因此教廷所在的罗马就受到质疑——,只要存在洗礼、最后晚餐尤其是福音书的地方就有教会。

我们不要忘记,新教首先是一种人文主义。因此它是一种书籍的宗教。除了他在沃尔姆斯法庭上充满英雄主义的反抗——路德主义的光辉一直照耀到晚近民主德国共产党人与教会的冲突——,造就路德的,尤其是深居简出的工作、写作和教学。他在维滕堡的住所位于易北河畔,今天已被改造成博物馆,那里有大量的印刷书籍,以及一间改作礼堂的房间,路德以前在那里教学。我们可以把这个路德主义发源地的房间想象为一家充分利用周遭的技术革命的小企业。一个印刷和刻印作坊毗邻这座房屋。卢卡斯·克拉纳赫——1505年后给萨克森宫廷效力的画家——伴随着改革者在城堡的整个进程,并为他留下无数幅肖像。路德是有意识的个人崇拜的先驱。人们不仅传播基督的形象,而且复制基督仆人的多份肖像,这样的危险是可能遮蔽主人。从路德开始,图像变得几乎完全属于人,不久后将变成社会性的了。它远离对上天的再现,几乎完全专注大地以及大地上的居民。

虽然人在瓦尔特堡,改革者一直与他在维滕堡的基地保持联系。其中尤其有 1518 年开始在维滕堡大学教书的希腊学家梅兰希通。正是在此人的建议下,路德才在监狱里着手《新约》的德文翻译。那将成为他的主要事业,那也是他与伊拉斯谟的主要分歧。伊拉斯谟是鲁汶的希腊语学家,路德与他保持着通信联系。然而与伊拉斯谟不同,路德并不局限于语文学阐释的计划。他不去质疑《圣经》里的字面矛盾,不因审慎而退却到相对主义的阐释之中。路德投入行动,他赋予德国以统一的语言和宗教基础。路德为德国人而翻译。他将宗教知识民主化,为心灵开启思想的深度。这样,他为翻译和语文探究的欲望奠定了基础,浪漫派的诗人们将继承其事,而且随着十九世纪德国语言学家们的科学研究也终得登堂入室。

这种独立与冒险精神造成路德的革命,并且两个世纪以后将在巴赫的音乐中闪耀。但区别是,路德身处一个被硕大的火炉熏黑的幽暗厨房,趴在一张油腻的公共桌子上,然而两个世纪后他的粗糙话语受到法国宫廷风俗的教化。但是勇往直前的冲劲,将朝着内在深省和凭借共同体的外在激情结合起来的精神力量,这都是路德的功劳。这种前进运动为什么会在十九世纪末陷入停滞,甚至令人痛苦地走向反面? 为何指向民族统一的宗教统一将会堕落到它的魔鬼反面? 问题的答案是否在于,瓦格纳在魏玛取代巴赫?

3

站在欧洲大裂缝边缘上的思考

自由的焦虑

在欧洲历史上，或许没有一个时刻比路德的冒险更具有决定性的意义。单独的个体奋起反对体制，这属于现代英雄的形象。路德是第一个表明信念的人。今天，我们去维滕堡小教堂时，我们不会立即进去。我们总是凝视那扇门，仿佛要重新找回五百年前的 10 月 31 日张贴其上的《九十五条论纲》的幽灵。我们想象着，在地球上的某个地方，那些连绵不断的布告宣告一种抗议，一种示威，或者提出未来某场革命的纲领。通过将脆弱的纸页临时张贴到墙壁上，路德最早做思想的广告。将政治从宗教内部拉出来，并将政治公之于众，他这是从根源上揭露教会的政治性质。

我们马上可以指出另一点，由于他不将抗议与他批评的体制区分开来，他把《论纲》张贴在教堂门上的同时，也将政治暴露给宗教。但是有更重要的一点。他的行动所引起的"改宗"运动并不局限于此。路德将信念"张贴"在外边的同时，他也让宗教进入到内部。他改变的是将信教者与共同体连接起来的体制性联系。他用信仰的内心联系来代替仪式和仪式的精彩表演。他使信仰者、学者——信仰者和学者相同，路德是一位基督徒人文主义者——单独面对书籍。他让所有人都能接触到人文主义，甚至可以说让人民进入学者共同体。

事实上，从中世纪以来，宗教体制与绝大部分信教者之间的巨大分裂并未得到扭转。首先存在知识人，即教士，他们的知识得到拉丁文这种障碍的保护。然后，这些人中间形成一小群喜欢冒险的现代语文学家，即人文主义者，他们学习希腊语，并通过希腊语纠正拉丁文翻译中的错误。障碍不仅未消失，相反却得以强化。路德消灭了障碍。他的行动让共同体在根基上摇摇欲坠。诚然，反抗罗马和罗马的反抗使共同体得以重新缝合。但是从理论上来说，共同体从此之后由这样的个体所构成，每个个体都有可能进行阅读。因此也有可能进行阐释。一致性不再必然如此了。与个体性相联系的净化原则很快就导向清教主义。谁又能组织维滕堡的修士决定性地引发的分裂运动?

说路德通过与罗马的分裂而为无法估量的后果打开一个缺口,这会让人感觉在做轻易的事后预言。但是,一方面,这种震动带来的反响很少有人从整个欧洲的角度进行审视,另一方面,没有迹象表明今天这种反响已经停止产生后果。我们要设想对这种缺口及其影响进行一种测震术般的解读。冲击波的扩散应该沿着两个主要方向进行。一个涉及哲学的世俗化,哲学以其无尽的谨慎最终摆脱宗教,并被个体思想所吸收和接受。我们立即想到的是笛卡尔与其《方法论》。此外,还有文学所反射出的那些回声,确切说就是那些暧昧的建构物,即神话。

值得注意的是,一个完全与改革者同时代的人物,成为文艺复兴最著名的神话的原型。路德和约翰内斯·浮士德(Johannes Faust)不停地相互交叉,以至于有人质疑,是否前者给予后者以生命。浮士德比路德更耽于流浪,他由于与当局交恶而辗转于德国各地。他以医术和魔术为业,在海德堡取得博士学位之后,于1530年左右先后出现在爱尔福特和维滕堡。在他实际死去五十年后,他的事迹被改编为神话,1587年于法兰克福的施皮斯出版社(Spiess)出版,作者匿名。此后,事情加速发展。英国1592年出版该书的译本,而且随后几乎同时,克里斯托弗·马洛把它改编成戏剧。马洛让人物变得令人揪心。渴望获得知识的反叛者，浮士德与魔鬼签订了一个协议，然而最大的撕裂在于，他最终抛弃与魔鬼的协议，独自对抗上帝。

人不能抹去他的错误和罪恶。不存在宽恕。与伊拉斯谟相反，路德拒绝"自由意志"的观念。对于戏剧诗人们曾经展开过的信仰与良心之辩，《福音书》的解释是模糊的。马洛死后，莎士比亚给我们带来他的"浮士德"，他的杰作，取名作《哈姆雷特》。无论罗马还是丹麦的封建制度，路德说要涤清世界的腐败。但是一切改革者，哪怕他是一个在维滕堡接受教育的王子，他的清洗行动招致的凶杀，都有可能比他实际上要复仇的更多。在世纪的转折点，讽刺变得尤其暗淡。我们不要忘记，那时正值宗教战争让欧洲血流成河，无论法国还是德国莫不如此，哈姆雷特没办法躲避到一所大学里，就像不久后的天主教徒笛卡尔所做的那样，在荷兰的加尔文派那里觅得宽容。不再有任何归隐的可能所在。路德是存在主义者的原型，他要求人们廓清意识，要介入生活。政治虽源出宗教，却正在变成宗教。

阳性的人文主义

1810 年写成《论德国》一书的热尔曼娜·德·斯塔尔却

58

意见相反。然而,政治环境对她不太有利。拿破仑让书报检查大行其道。热尔曼娜是反对派,在卢瓦尔河畔绍蒙定居。她找到一位印刷商,然而书的印版和插图遭到警方毁坏。陪伴她到欧洲各地的奥古斯特·威廉·施莱格尔让人把一套校样存放到维也纳。《论德国》的法文版要等三年后才得以面世,并且是在伦敦。热尔曼娜·德·斯塔尔在"论新教"一章中写道,"当宗教只是一种政治力量的时候",路德把它重新拉回思想领域。她还说,当宗教改革引起的宗教战争在德国开始平息的时候,"一直以灵魂深处为对象的哲学研究自然而然地转向宗教"。

我们可以理解,面对拿破仑帝国的现实,德国在她看来是宽容的典范。我们也完全可以有理由认为,宗教改革标志着欧洲现代政治的突然出现。我们觉得,在发表于1799年的惊人论文《欧罗巴,或基督教世界》的十页纸张里,诺瓦利斯的看法更真切、更敏锐。那篇文章探究的是宗教改革者给原始的基督徒共同体造成的裂缝。他没有贬低路德的作用,也没有将它理想化。他写道,假如此前在文明内部没有发生一次更深刻、更内在的断裂的话,这个"点燃起来的头脑"或许不会出现。那次断裂属于谁? 属于公共兴趣的不断增长的物质性。诺瓦利斯预言说:"一定的孤独似乎对崇高情感的发展必不可少;因此,通过人们之间过分广泛的商业和过分经常的交往,圣徒的萌芽遭到窒息,而诸神一直逃避轻浮社会的无尽嘈杂、关于过分渺小的事物的讨论,他们因此就会心生不悦并且离去。"

我们仿佛听到尼采"上帝死了"的著名判决,但时间远早于尼采,话语也远没有那么粗暴。诺瓦利斯说"诸神",但我们肯定不应将其解释为异教徒的诸神,而应该视其为神性的多重中介符号……这位天主教诗人从荷尔德林那里借来一种更细腻的语言,在他怀念的时代里,宗教就是基督教世界的圣母,在圣贝尔纳神秘的封建教会里。无论有意还是无意,新教降低女性的地位,废除了"有福的母亲及其天国的友好的孩子"这对组合。"汝子之女"(*Figlia del tuo figlio*),但丁望见天堂的最高台阶时欢呼的"童真之母,汝子之女"①变成宗教里的普通女性公民。"至善"(bien suprême)的等级社会让位于一种无区分的平等主义。

路德的新教是一种雄性的事业。人文主义者绝大多数都是摆脱一切家庭烦恼的男性,他们的闲暇用于研究。在 1587 年法兰克福的施皮斯出版社出版的《浮士德》中,主人公是一个延长学习时间的医科大学生,在被魔鬼毁灭的前夕为自己

---

① 《神曲》,王维克译,人民文学出版社,1997 年,第 500 页(天堂篇,第三十三篇,第一节)。

组织的殡宴上,他当着众多同学的面完成最后一次魔法表演,并让"美丽的海伦"出现于众人面前。女性之美只是幻觉,不值一晒。歌德在他的《浮士德》(1808)中,把这个故事转化成新教的悲剧。其主题是遭到男人奸污、欺骗的女人。魔法师向怀着身孕、身陷囹圄的玛格丽特提出,他可以求助于魔鬼在肉体上拯救她,但是这种"幻觉力量"遭到她的拒绝。歌德直接把玛格丽特送到天上,使她后来获得救赎。玛格丽特是一位女圣徒。新教严重缺乏女性圣徒。至于浮士德,歌德让他到希腊的知识迷宫和东方的欢乐福地走了一遭,然后才给他救赎。歌德——这个备受科学折磨的人——承认说,人与科学的故事从来不曾结束。

热尔曼娜·德·斯塔尔在《论德国》中把新教描述成一种"自由省察"(libre examen),但是她忘记了,她谈论的是两百年实践所改变的"新教"。她还忘了一点,那就是路德最初将信仰放在首位。给他为之不懈战斗的宗教新契约提供保障的,应当是阅读《圣经》,但尤其应当是每个人在内心里对上帝的阐释。对路德而言,不再有享有特权的中间人,不再有教士,只有个体意识与造物主的直接交流。至于"自由省察",它本来标志着经过启蒙的新教的胜利,却加深了科学与信仰之间的分裂。这位来自日内瓦的女性知识分子正确地指出,"新教比天主教更倾向于启蒙,德国的天主教徒所采取的捍卫行动对思想进步有极大损害"。同样，她对新教北部和天主教南部的区分也有理有据。但是她在结论中断言，"天主教"和"新教"表现了人类心灵里的那种永恒冲突，即创造能力和破坏能力之间、信仰与省察之间的冲突。这就混淆了历史本就无比清晰的方向。

自由主体和服从主体、帝国臣民和天主臣民之间的冲突，远不是指向人心的先验条件，而是在事实上源自欧洲基督教国家历史中的一种十分古老、十分深刻的分野。在对新教的彻底批评中，诺瓦利斯清楚地提出这一问题，哪怕在今天问题之严肃仍然令人耸容："尘世通过遮蔽艺术感觉而占据上风，然而艺术感觉因同感而倍感痛苦。"

捍卫宗教

路德与罗马之间的裂缝清晰而明确，其后果却是暧昧的。这正是悖论之所在。改革者之后将会出现的一系列哲学家、神学家、音乐家和诗人，他们的任务就是相对于这种裂缝而给自身定位。他们的共同点是意识到危机已经发生。他们当中最清醒的一批人将使危机加深，在重重矛盾的刀刃上磨砺他们的批评精神。另外一些不那么善于分析而陷入情绪的"糨糊"中的人，将忙于重新缝合裂口之处。有时两种人之间将出现怪异的调解或交换。浪漫主义的暧昧正在于此。某些人是新教徒，另一些倾向于天主教，没有人否认断片化的切实存在。许多锋利的真理裂片像碎玻璃一样散落在道路上。人们要么感到他们有害，手指碰到锐利的尖角就有流血的风险，要么拾起来玩耍，这些放大镜残片让人看到绚丽的光影。

诺瓦利斯对这一裂缝尤其敏感。在他看来，路德的分裂行动不仅在基督教世界里引入战争，还赋予这种分裂本身以某种独立性，某种不断增生的能量。就这一点而言，诺瓦利斯在整体上相当接近黑格尔。新教无疑解放了曾经遭到天主教仪式镇压的感情和情绪，但是这种被释放的情绪却如机器一样被套上分裂力量的马车。否定性在现代世界里大行其道，黑格尔的辩证法机器开足马力。"一旦学者职业和精神职业分道扬镳，它们之间必然进行无情的战争，因为它们在争取同一个位置……科学与信仰的对立正变得绝对化。"诺瓦利斯，身处一个预言和解的时代的中心，却"辩证地"对那些破坏性的头脑——宗教改革的纯粹产物——表现出慷慨。"我们带着感激去紧握这些学者和哲人的手；因为他们这些怪物必然遭到未来世代的轻薄和骚扰，正如同事物的科学一面必然获得重视一样。"

从新教这边来说，尽管他们同样感受到科学与信仰之间的分离，这种裂缝却不那么尖锐。弗里德里希·施莱尔马赫就出现在与诺瓦利斯平行的山脊上,尽管他的激情相对略低。此人也属于浪漫主义运动的范围。与瓦肯罗德和诺瓦利斯的多舛命运相比,他的命运是坚守与持续的典范。他出生在西里西亚,他的父亲被任命为那里的牧师。他在摩拉维亚兄弟会接受教育,一种以信仰与激情为轴心的教育。获任柏林的牧师之后,他经常光顾亨里埃特·赫尔茨①和多罗西娅·门德尔松的沙龙,并在那里结识弗里德里希·冯·施莱格尔,此时恰值浪漫主义刚刚诞生、处于躁动不安的初期。随着知交零落,分散到德国的角角落落,施莱尔马赫相继到波罗的海地区及萨克森地区的哈勒城任职,最后在六十六岁的年龄返回柏林,与费希特和洪堡共事,到柏林大学任神学教授。

施莱尔马赫这位新教徒从自己的角度进行一种与诺瓦利斯同样的斗争。他反抗科学精神的入侵而捍卫宗教。1799年,他发表《论宗教》,我们容易忘记该书副标题的重要性,然而其信息是明确无疑的:"写给富有修养的宗教观察者"。对施莱尔马赫而言,宗教感情在人身上是自然而然发生的,能受益于个体直觉的独特性。我们每个人都生活在某种视野之内,然而我们的视野虽然因每个人而千变万化,却无法涵盖一

---

① 亨里埃特·赫尔茨(Henriette Herz, 1764—1867),作家和医生马尔库斯·赫尔茨的妻子,她在柏林的沙龙是早期德国浪漫派作家们聚会的主要场所之一。

切,无法涵盖"那个"一切。宗教开始于无限之感,却超越我们每个人独自的视野。我们对无限的感知是受到局限的,故而是有限的,但它让宗教具有一种极大的多样性,并因此具有宽容性。这里,施莱尔马赫设定一由天然信徒构成的理想共同体,信徒们不再需要外部的符号、仪式就能融为一体。与路德新教的基本原则相符合,他把造物与造物主之间的信仰之个体联系推到了逻辑的极致。

我们几乎可以把这种宗教视为"现象学宗教",因为对它而言,有多少感知的人心,就有多少教会,当然明显的是,它与哲学的体系精神背道而驰。施莱尔马赫所进行的批评与诺瓦利斯并无二致。"这种体系精神正是矛盾的渊薮所在;它无法不去作战和迫害,因为既然特殊客体与另一个特殊而有限的客体联系在一起,两者中的一个由于存在的事实而必然毁灭另一个。然而在无限之中,一切有限客体都可以并行不悖;一切都是唯一的,一切都是真实的。"然而他以新教之名宣称的个体的宗教自由,未必能够契合诺瓦利斯的和解的共同体。站在裂缝的不同边上,这两人得出相同的结论吗?还是他们的共同点只是以宗教超越宗教的欲望?他们的博爱重新找回的预言似乎对应着一种虔诚的愿望。

事实上,如何设想通过断裂而解放出来的否定性能够被一下子抹去?必须出现一个英雄的主体,能够奇迹般地以其天才终结历史的未总结性。在此意义上，与诺瓦利斯的论战性的基督降临说相比，施莱尔马赫的希望显得更理性、更温和。与此相似的是歌德的《浮士德》，尽管遵守最终得救的戏剧传统，它却给否定与弃绝的力量留下更多空间和余地。

哲学家英雄的降临

有人可能判定浪漫主义是反动的。的确，浪漫派对事物做出的反应并非出于自身的崭新性质。在与理性的统治力量对立起来的冲突中，他们感到力不从心。使他们聚在一处的，是一种逃亡精神：在悬崖边缘行走，在不平衡中前行，在科学与信仰之间的深渊边缘上全力逃亡。这种分离取代了路德与罗马之间的早期冲突，诺瓦利斯明白两者间的重大关系。从他对罗马共同体的服从之中解放出来，现代宗教主体不再为他的"自由省察"设定界限，正如斯塔尔夫人所说的那样。于是现代人文主义的新英雄变成哲学家。

在康德1790年发表的《判断力批判》与黑格尔1806—1807年间发表的《精神现象学》——那时黑格尔刚刚离开耶拿——之间，有十五年的间隔。对于一些准备不足的头脑，显然很难在如此短的时间里吸收如此复杂并且矛盾重重的两种哲学。实际上，两种思想体系先后给思想领域带来一种彻底的颠覆。我们仿佛看到,路德的宗教断裂在世俗化的同时变得深化、细化,最终彻底地弱化了西方主体原本坚实地脚踏的土地。通过外科手术般的精准分析,康德将确信的土地一分为三,人们自然更能看到三者的区别而非联合。

康德的主体从属于一种立法的三位一体,从此之后隶属于三种管辖权。一方面,他是认识主体,用科学的工具探索宇宙,但他的研究永远只能在一些前定范畴之内进行演变,他现在和将来都无从得知那些范畴的目的性。因此,认为他可以通过科学到达最终原则,这只是一种幻觉。科学知识既是极端兴奋的追求,又是粗暴的挫败。第二个领域牵涉到道德律,道德律将自由原则和主权原则结合起来,服从一种目的性,那就是人和平地生活在世间的幸福。人也不能从人类道德的目的性过渡到神圣原则。第三种领域针对的是审美判断。康德认为,某些趣味判断与美有关。美的判断确认一种功能性:在艺术上,美就是表现出一种变得完全可以理解的功能性。

在这类判断中,"崇高"的概念会造成混乱。至少在表面上如此。包括柯勒律治在内的某些肤浅的解读者将会着道,得出许多创造性的误解。对康德而言,想象力在某些情况下所起的作用是完全负面的。比如,被所谓"崇高"的自然场面激发起来的想象力并不能为理解力展示出适宜的图像;而想象力的无能反倒能激发出人对于环境的超越。可以说,想象力无法再现难以估量的数量上的宏伟,这种失败反倒给理性带来益处。如果理性处于完全安全之处,那么面对诸如海上暴风雨、山间狂风的场面给我们这些微弱的造物所带来的自然恐惧之情,理性就能支配这种恐惧。

在这样一种体系中,激情处于何种状况? 这种因我们想象的无能而否定性地被释放出的无限之感只会促进人的激情。阅读康德的早期浪漫派将受益于这种"解脱",这种否定性的宽慰,并在他们的著述中以断片的形式扩展其范围。逻辑上,讽刺与无限的相同维度源自一种对康德的"细读"。浪漫派是一些这样的读者,他们在读书中感到惊奇,除非以瞬时、简短而迅疾的讽刺性视角的形式,否则在无限上就无法调和被康德所打断的人类主体的断片。

大约十年之后,黑格尔和他的体系将最终恢复理性的统治。《精神现象学》和《逻辑科学》确认了唯有哲学才能够在各个学科催生出的现实合理性。在康德的相对主义之后,真理终得汇聚。这相当于说,哲学家作为英雄而降临。康德继承的是大革命以及法律统治的来临。法律是好的,它超越主体人。在黑格尔那里,他与百科全书派之间的承接性更加明显。

在宗教领域,人们因此跳出了能力的相对性或区分的范畴。在神圣的最高知识和人类知识之间不再有裂痕。上帝在人类之中并通过人类得以实现,上帝的知识就是行动中的人类的知识。无论在哪里,他们都是行动的主体,他们卷进其中的冲突正是知识的行动方式。知识不再是简单而纯粹的尘世。它首先必须经过鲜活生命的考验,使自身成为中介。这就是说,站到自身的对立面,亦即在行动中自我异化,以实现自我的认识。以痛苦和悲剧的方式,他在历史时间的变化中前行。被绝对真理钉在十字架上的基督,岂不正是卓绝的行动者吗?我们无法想象到通过哲学回归旧宗教的更好方式。黑格尔是天主教哲学家?诺瓦利斯没有时间阅读黑格尔。至于施莱尔马赫,他比任何时候都坚持以激情之名反抗体系。

诗歌共同体的发明

一种作为法国的法律革命的继承,另一种作为拿破仑式主体的姿态在思想上的发扬,诗人们在这两种理性哲学的风景中只有很少的余地。施莱格尔和诺瓦利斯明显是康德的认真阅读者,并且带着尊敬和讽刺对其进行阐释。尤其是哲学家康德所推进的对思想领域的纲要式的重新分配给他们注入一种争胜之心。他们没有时间也没有意愿去像康德一样构建体系。于是,他们投身于确立一种同样具有系统性的"诗歌批评",会使用省略、映射、"罗马式"的笔墨经济。他们经常引用的典范是拉丁经典作家,尤其是诗人贺拉斯。

德国浪漫派是一群"罗马帝国人",他们表现出对德国未来的极大信心,同时却对宗教抱有一种同样深厚的癖好。他们中的某些人,尤其是弗里德里希·施莱格尔,将会跨越界限而进入天主教教会的怀抱。在那世纪之交他们相聚的短短数年间,他们试图对理性与激情进行综合。相对于与他们交往的"唯心主义"哲学家们,他们的优势在于,他们的思想体现为人类共同体。他们既是诗人,也是政治人。他们强调一个事实,那就是诗歌与哲学相反,是一种"现实主义"的艺术。引用弗里德里希·施莱格尔在《思想录》"断片96"中睿智的说法就是:"一切哲学都是理想主义,除了诗歌的现实主义再不存在别的现实主义。"

在新理性主义哲学和旧宗教之间为诗人们仅留的一点点余地上,我们可以说他们下定决心要最大化利用那点余地,至少他们当中最清醒的那些人如此。浪漫派诗人展示给世人的广为人知的形象是流放于世界之外的孤独者——这种形象多归因于波德莱尔——然而事实恰恰相反,这些耶拿、魏玛或柏林的公民孜孜以求共同相处、共同生活。他们之间存在一种非常发达的通信网络。书信是他们最喜欢的交流方式之一。他们遥相对话,旅行互访,互相接待,在沙龙中相遇。

浪漫派并不区分人类共同体和宗教共同体的概念。他们从路德那里继承了重新确定基督教共同体的任务,并以他们的方式做出努力。他们组成施莱格尔所谓的"看不见的教会"。与新教完全契合，认为每个个体都是他自己的教士。"假如每个有限的个体都是上帝，那么有多少理性就有多少上帝。真正的人和真正的艺术家与他们的理想之间的联结就是一种十足的宗教。终生以这种内心的崇拜为目标和追求的人是一位教士，而这是每个人可以而且应该做到的。"

他们努力实现的"新人"，应该集理想与现实主义、哲学与诗歌、世俗性与精神性于一身。这就是置身哲学一侧的浪漫派诗人们如何宣示自己的权力；他们尊重哲学，同时又质疑哲学的自命不凡。面对哲学的体系，诗人们使用断片，这揭示出一种完全开放的路径。通向真理的道路是渐进的。它应该使未来根植于人，而不应躲藏在一种综合化的围墙之后。整体依然诱人，也就是说它仍然有待构建。须有"机智"之敏锐才能以直觉把握那整体，而这需要对欲望的出牌能力进行经常的维护。思想的刀刃需要保持开放状态。

要发挥"机智"的能力，没有哪个地方比社会更合适，这甚至是唯一的地方。如果将浪漫主义诗歌当作一种孤独的操练，那就是完全搞错了。诚如施莱格尔所言，个体是"神"，然而恰恰因为他是个体，这个神才需要其他个体，其他"神"。因此在最根本的意义上，诗歌是社会活动。如此以来，它永远都不会远离谈话，或许还可以将谈话融入自身。在戏剧里，诗歌难道不是已经这样做了吗？莎士比亚既是对话的诗人，又是行动的诗人。

然而我们不应混淆的一点是，这社会化虽然具有普遍的力量意义，在实际完成中却多受掣肘。诗歌共同体最多只能是断片性的。宗派？宗派实际上好像内在于新教。但是不要孤独！如果诗人愿意，他甚至可以将自己视为自己的社会："想象自己与自己展开的关于全人类话题的对话……以一种深入交谈的语气，不比一封朋友间的书信所允许的分析更多"（弗里德里希·施莱格尔致多罗西娅的信）。我们不要忘记，女性是得天独厚的社会对话者。她们不真正地需要诗，反而更加熟悉诗。诚然，她们的女人性质使她们更靠近诗歌。"这种生活的诗歌对她们是自然而然的。这就是为什么，她们所有人无一例外地或者几乎所有人，都会选择诗歌"（同上）。然而，或许施莱格尔在暗示，她们可以从哲学上受益更多。

管它呢！重要的是，人身上的生命单位不会凝滞，并且为此要不断进行"友好交流"。尤其在诗歌与哲学之间，两者的对话将成为和谐的关键。因为诗歌的魅力正源于此，"一切交往就是把天空拉到大地之上。将人类抬高到神的高度，这是诗歌留给哲学的任务"（同上）。我们要记住，这种对话的流动性存在于真正浪漫主义的深处。

难以逾越的天际线

两百年过去了，我们仍然没有走出浪漫主义。我们甚至尚未开始意识到，它以何种方式决定了我们。浪漫派所发明的，他们创造出的完全独特之物，是诗歌的民族性。无限相对着有限而存在，疆域即是如此，也因此更加难以界定。这就是说，有限的限制成为超越有限的特别规定。我们可以质问，这些命运曲折的诗人们是否捕捉到——以直觉的方式——正在他们身边建立起来的哲学体系。我们可以想象，他们承认自己的优势和缺点，并且由于不能在时间上追随哲人，就以拟态的方式伴随他们的方向。

与按步就班的沉重的哲学机器相比，诗人们更加灵活和急切，他们操练起箴言的迅捷。这是战略问题。我们可以说，那是攻击拿破仑大军侧翼的德国游击队，是发起冲击的轻骑兵，一阵射击之后立即撤退。诺瓦利斯担心宗教改革的意义局限于"民族"的疆域，原因就在此。诗歌民族的命运正在于，它应该超越一切民族。至少在诺瓦利斯的计划里，诗歌应该在这一点上与法国大革命息息相通。

实际上，浪漫派是出于自由省察而成为宗教改革的直接继承者。然而他们当中的大多数人都坚守自己的宗教信仰。

若非通过矛盾的综合，又能如何做到？他们给诗歌造成的局面，正是这一矛盾的直接产物。这一点也使他们显得高深莫测。我们不能将浪漫主义限定在它的冲动里，因为它在根本上渴望成为运动。从黑格尔哲学的沉闷进程中，它截取了超越的动力学，并将它应用到康德所定义的"崇高"概念上。想象是这一矛盾的核心，因为想象从自身的无能之中获取力量，逃离自信十足的、高高在上的理性：理性监视想象的游逸与嬉戏。

浪漫主义的所有前行都取决于我们与无限观念的关系。无限是一种过渡的姿态，昙花一现的边界，诗的目光经由那里嵌入无可企及的彼岸，然而他们发觉彼岸同时只是此岸的无望。唯一可能的态度就是讽刺。激昂与讽刺。比如济慈和雪莱，他们追逐《西风》的波涛或云雀的翱翔与升腾，然而最终不得不跌落到生活的尖刺之上。再如波德莱尔的双重憧憬，伴随大海的奔放而起伏，而随着波涛支撑的消失，终归"曾经，平静复平平"。浪漫主义四处打开他们的气压计，测量气压下降的幅度。有一种浪漫主义的天气预报。在当代诗人们奢谈"批评性抒情主义"的时候，他们是否想过他们不过是重新发动气压器械而已？

讽刺是超越的辩证能力，在现实蜕变为它的相反面之际，仍能对现实亦步亦趋。"我是另一个"，这个说辞可以作为黑格尔逻辑学的导言。事实上,有些人拒绝完全投身于想象力的变动与似是而非中,一刻都不能忘记理性处于低位。他们对目光的使用更适度,更克制。浪漫主义以后,诗歌在其中得以施展开来的空间——诗歌的疆域——实际上与现象学谨小慎微地探索的是同一个空间。一切都关乎目光的意图性。决定两个疆域之间的细微区分的,是我以何种方式分割我的视野。我是否逾越那种视野,我的情绪把我带到彼岸还是拉我留在此岸。

这或许就是如此多的哲学家都曾经对诗人邻居倾注热情和兴趣的原因之一吧。比如弗朗西斯·蓬热,他的风景直接来自观察者带着些许嘲讽的多变目光,并在萨特、索莱尔斯及德里达那里引起共鸣。诗歌仿佛变成插图版的哲学。一种目光带着与事物的距离在闲逛着,并以完全清醒的合理性采取事物的立场。在这种描述中,图像带来的对幽暗性的强调——即暗喻——仅仅来自修辞话语。但视角是首要的。现象学带着贪婪的目光,喜欢兼并可以清楚辨识出的诗歌领地。

诗歌对哲学的模仿具有双重的意义。德国浪漫派以康德模式建立起来"诗歌批评"或者用今天的说法就是他们的"诗学";按照他们的定义,诗歌的立场若非高于哲学,至少也与哲学平起平坐。但是很快,他们对康德的最初阅读使他们远离康德的谨慎。他们着魔似的扑向无限,去挤进多多益善的启迪为他们打开的空间。他们也不要忘记宗教遗产的另一部分,即使个体直接触及神性的那部分。弗里德里希·施莱格尔说:"加入一切无限的个体都是神,那么有多少理想就有多少神。"在此意义上,浪漫派毫不犹豫地拥抱宗教改革的极端后果。他们将诗歌置于神圣知识的最高位置,准确地说就是用它代替宗教。诗歌使哲学探求和原则上与哲学不相容的宗教激情握手言和,于是三者携手成为绝对的科学。

4

但丁·阿利盖里,朝着德国的方向

但丁重现

但丁在炼狱里？莫大的嘲讽！《神曲》的主人公费了三十三曲才穿越这个过渡的天界，而这部长诗要在记忆里等待五个世纪以完成净化。正是经历如此漫长的时间，《神曲》才从记忆深处重新浮现，并最终成为欧洲文学的巨制。人们就这种长期失踪的原因发表长篇大论。原因之一，就是诗歌共同体对于但丁的分歧。他的支持者人数比不上彼特拉克。从意大利文艺复兴开始，到法国的文艺复兴，龙沙和杜贝莱接下彼特拉克的棒，正如同英国文艺复兴中的锡德尼和莎士比亚一样。彼特拉克的地位最终确立，彼特拉克主义一统江湖。

《歌集》(*Canzoniere*)为诗歌订下一些简洁而严格的规矩。透明而响亮的建筑成为诗的居所。直到现代世界,诗歌将一直保持在这个框架里。诗将成为"爱的房间",一成不变地可被移植的诗节(stanza 或 stance)。此外,彼特拉克还是一位人文主义者,从译成拉丁语的希腊作品中吸收营养;他提出的那种柏拉图式爱情与美的理想,将一直旅行到波德莱尔。在很长时间里,地中海传统的十四行诗大获全胜,那是滥觞于巴勒莫的腓特烈二世①宫廷,并且但丁在《新生》(*Vita Nuova*)中予以采用的诗歌形式。在长达五个世纪的时间里,"十四行诗"的诗歌形式将像王侯的宫宇一样,一切有教养和趣味的人士均可居住。篇幅更长、故事更曲折的作品追随莎士比亚走进戏剧,无韵诗则跟随阿里奥斯托的押韵故事走进小说,或者随着弥尔顿发展为史诗丰碑。

唯一抵制彼特拉克主义的人,将是被自己的老乡称作"玄学诗人"的多恩。虽然严格来说这并不能说明什么,因为彼特拉克的阳光普照般的方式其实并非更缺少形而上学。身处文艺复兴时代,多恩的思考将神学知识和科学知识结合起来,这是延续一种中世纪的传统。这位出身于天主教家庭的儿子,

---

① 这里指的是西西里的腓特烈二世(Frédéric II 或 Friedrich II,1272—1337)。

比他的同时代人更强烈地感觉到科学与信仰之间、医学身体与宗教灵魂之间日益尖锐的冲突，以及诸多源自宗教改革的矛盾。经过一次漫长的家族流放和个人遭受的屈辱，这位情色诗人重获恩宠，成为官方教会的主任祭司；他曾经完成罗马和伦敦之间的长途旅行，并接触过英国教会。在他身上，爱之真理和知之真理之间没有任何妥协。与彼特拉克不同，多恩不去音乐性的和谐里寻找诗歌的钥匙。他不停地在同一首诗的内部变换格律，仿佛要试图打通某种过分和谐的驯化性的隔板一样。对他而言，存在着一种诗歌的外部，好奇心的扩张必然朝着外部。美学问题就在于如何让求知的欲望和信仰的呼唤在同一个空间里共存。

无论多恩还是所谓的"玄学诗派"，他们都无法改变束缚文艺复兴诗歌生产的新柏拉图和谐。相反，以"古典主义"为标签，造成一种贫瘠的停滞的条件即将出现。无论在艺术还是在政治领域，佛罗伦萨都大获全胜，同时彼特拉克也久久地遮掩他这位同胞的光芒。因此那将构成但丁的第二次流放，不过这次是他身后的流放，也是第二次访问炼狱。这与他在五百年后绕道德国的回归同样意义非凡。为但丁平反昭雪的是德国浪漫派。他们在聊天中谈论他，仿佛他从来不曾缺席。今天他们仍然令我们感动的，就是这种对伟大文学的感念。他们是我们文学祖国的创造者。他们使我们相信，我们无法接受自己是一个在闲暇时光摆弄数学般的"十四行"的西西里宫廷低级公证人（notario）的产物，我们是一个诞生于耶拿的文学理想国里的公民。

在"断片247"里，弗里德里希·施莱格尔让但丁走大门返回欧洲传统之中。那也是最短的句子："但丁的先知性诗歌是超越性诗歌的唯一系统，他一直都是那个文类中最伟大的人。"只有另外一个创建者可以与他相提并论，那就是威廉·莎士比亚。"莎士比亚的兼收并蓄是浪漫主义艺术的中心。"为了使一种奠基性的三位一体变得完满，还需要再加上一个德国人的名字："歌德的纯粹诗性的诗歌是最完整的诗歌。这就是现代诗歌的完美的三重和弦，是所有最狭窄和最宽泛的现代诗歌经典的批评性选集领域中最内在和最神圣的环节。"然而这第三项是活动项，根据人们所属的国籍而有所不同。比如，法国人可能用波德莱尔的音乐性来取代歌德音乐性的位置。用不到八行文字，而且是第一次，弗里德里希·施莱格尔确定了现代文学经典。

我们注意到，这一空间的建筑遵循但丁式天国的结构。施莱格尔借用《神曲》里的"环"（cercles）和"域"（sphères），如此这般让文学变成一种天国和神圣的秩序。"但丁是现代诗歌的奠基者"，施莱格尔在《诗歌谈话》中继续说道，因为他让宗教和诗歌联手起来。这岂非浪漫主义的纲领。只不过对施莱格尔而言,区别在于天主教是一种"幼稚的基督教",而新教具有的"积极的一方面是,通过《圣经》的神圣化而成为语文学的对象,这对某种具有普世性的、积极的宗教是至关重要的"。

感性的震中

一些接受新教教育的诗人试图将一位被视作天主教精华的作家拉入他们文学传统的核心,这又作何解释?在法国文化中,相反的情况几乎无法想象。纪尧姆·迪巴尔塔斯和他的恢弘之作《创世周》①——曾得到歌德盛赞——直到最近才进入我们的大学课程。或许有人会举出夏多布里昂崇拜弥尔顿的例子来反驳。一位虔信原始基督教的天主教作家却对最具革命精神的清教徒感兴趣,这的确引人思考。相反的例子不胜枚举。然而,问题可以这样提吗?在耶拿诗人们新设计的超越性的文学天空上,但丁傲然居于绝顶,这为他们填补了明显的教义缺席。宗教朝向文学的转移不仅仅是一种进步。或许我们可以察觉到对于圣男圣女济济一堂的旧天主教的某种眷恋。

---

① 纪尧姆·迪巴尔塔斯(Guillaume de Saluste Du Bartas, 1544—1590),法国诗人,代表作是圣经题材、卫道性的《创世周》(*La Semaine*)(1578)及《第二周》(*La Seconde Semaine*)。

耶拿小组几位成员日后的演变似乎证实了这一假设。回归罗马的趋势清楚表现在施莱格尔身上,他于1808年皈依天主教。但吸引的现象往往是双重的。难道我们不是也能在《神曲》中发现一些与新教一脉相连的抗议萌芽? 这恐怕能解释德国浪漫派为何钟爱这位诗人。这里更多地关系到一种按照继承关系复原起来的慈父形象,而非一种有目的选择的模式。文学宗教在十九世纪初德国的建立,并非遵循一种自由而有意的模式进行的选择,而是出于深层历史图景、断层裂缝和震惊——迄今我们都能感到其震动——所具有的先在性(précédence),此处我们并不冒险使用"规定性"(détermination)一词。那么欧洲的历史基础又当如何? 在多少被构建起来的政治基座之间,难道不存在一些巨大的裂缝? 而诗歌——最敏感的地震仪——善于捕捉裂缝所引起的感性的震动。

　　一千年以来,欧洲就是一座建设不断的工地,建设者前仆后继地试图将驳杂的材料连接起来。不无矛盾的是,这项举措引发地球同时发生过的最不详的灾难和最疯狂的希望。有时两者根本就是一码事。然而在今天我们所处的阶段上,更有意思的一点是,风景在改变的同时又重新勾勒出一些早先的轮廓,并显露出一些此前潜伏或者不曾引人注目的地势。在大地上的旅途中,在欧洲的某个具体的地点,浪漫派曾提出重新塑造风景的条件。历史学家所熟知的"长时段"的概念应该对他们也有效。诗歌并非不可以去测量改变造成的回声，并将测量延长到一个更长的距离上。但是，悖论在于，由于这些诗人的生命与表达同样短暂，此种操作并非必然如此。

浪漫派并不满足于让诗歌超越宗教、哲学和科学。他们创造出"大诗歌"这一历史概念。如同古代有奠基性的诗人一样，他们认为现代也有奠基性的诗人。他们的视野不是停滞的，而是显现为开放的、不断变化的过程。文学从此将成为至高无上的无限之宗教，无限开放，无限源始。耶拿的诗人们将个人与上帝的关系极端个体化，直到将个体性神化的程度，然后又使诗歌变成一种崇拜的绝佳仪式，那是夸张之崇拜，永远朝着神性奔跑和突进；在怀疑论者斯特凡·马拉美那里，这将变成通往虚无的无厘头"骰子游戏"。一场革命在耶拿爆发，而且革命不仅属于那里。从此以后，开始就是向最后敞开，就是恒常地重启开始程序。我们可以想象，诗人们身边的哲学即将陷入焦虑的竞争。哲学家试图关闭开口，把神性拉进历史，而非将它交给每个个体"开放的"欲望。黑格尔将全力以赴。后来尼采也是如此，虽是断片的信徒，却致力于调和狄奥尼索斯的撕裂与阿波罗的秩序。阅读浪漫派诗人最用力、也与他们最接近的哲学家，莫过于马丁·海德格尔，他巧妙地将自己的"体系"建立在敞开的概念之上。

然而,宣称超越历史的"超越性"诗歌冲动恰恰无法逃避历史。作为"现代性"的发动机,变化在本质上是听从于测量的。为此原因,它不能仅仅围绕未来或现在的轴心而得以测量。要把它的动力拉回作为它来源的过去。幸运的是,现代性中的一切既不能完全被更新,也不是永远可以更新的。须有极其强烈的切割才能使风景发生改变。扰乱动作须引起彻底的震动。因饱经风霜而显得满脸褶皱的二十世纪,就像一个因"新鲜事物"的强烈冲动变得未老先衰的世纪一样,它所遭受的那些震动未必都能在"长时段"中留下一笔。分娩的阵痛或许根本不能带来子嗣,而且可能混淆为同样强烈的肾痛。这就是为什么,我们如果不顺着深刻的感性之线退回到欧洲历史和地理的遥远处,就可能无法为二十世纪的危机做出严肃的诊断。

追寻梦中的蓝花

从但丁到德国,是欧洲最重大的道路之一。在很长时间里,其他民族都没有意识到这条道路的存在。因此,法国人的历史想象一旦跨越莱茵河,就会变得漂浮不定、模糊不清,并且仿佛出于一种对于伟大邻居的天生的被动性反应,故而从不冒险涉入。我们很少努力迈向一种更深入的理解。但是,这并不意味着德国一边不存在同样的漠不关心。我们上边提到的道路,只是因为地理学没有让我们习惯而已,然而我们却越过阿尔卑斯山脉走向意大利。如果说我们法国人认为,很不幸上个世纪我们与德国人的关系非常紧张,那么德国和意大利交流的不同凡响之处在于历史悠久。两个国家在超过一千年的时间里都休戚与共,然后才各自——并且明显在同一个时代——获得民族独立。我们还可以加上一点,在十九世纪末它们取得独立的时候,它们之间联系的复杂性构成欧洲历史的基石。我们很快明白,一个意识到自身作为历史共同体而存在的欧洲——正如今天这样——必须铭记这个核心之轴的恒常性甚至它的复活。

所有但丁作品的现代导言通常会专辟一章,多少谈一下这位意大利大诗人与故乡佛罗伦萨市的关系,那是在日耳曼神圣罗马帝国的背景下。今天,对于神圣帝国所构成的持久政治现实的重要性,我们再也无法轻忽。法国两个世纪以来的初高中的历史教学本应更早关注这一问题。这本来能节省多少时间,能挽救多少因为彻彻底底的无知而浪费掉的生命啊!德国人从什么时候开始占领意大利的?要说侵略,最早的是公元 408 和 409 年围攻罗马的西哥特国王亚拉里克一世,而在同一时代,圣奥古斯丁在地中海对岸的希波撰写《上帝之城》。来自奥得河畔的汪达尔人则穿越地中海,在迦太基建立基地,并从那里出发对西西里岛和撒丁岛进行洗劫和占领。然而最持久的入侵者是东哥特人和伦巴第人。伦巴第人从易北河和威悉河畔出发,经过漫长的游荡,征服了波河平原,并于570年在那里定居。起源于另一支日耳曼部落,即法兰克人的加洛林王朝派兵南下征讨伦巴第人,最后却悻悻而归。到了十二十三世纪,伦巴第人成为抵抗德国皇帝的中坚力量。至于东哥特人,四处征战使他们的首领狄奥多里克,于490年在拉文纳击败罗马帝国的末代皇帝之后,成为罗马帝国的天然继承人。

由于受到日耳曼人从北方的滋扰,罗马人最终把他们的首都撤退到拉文纳;一个世纪后的拜占庭皇帝查士丁尼从拉文纳出发,重踏意大利土地,试图重新收复罗马。同样在属于保皇派的城市拉文纳,但丁在流亡中客死他乡。在那个时代,统治意大利的政权比任何时代都更具有强烈的日耳曼特点。德国的国王就是意大利国王,往往同时还是神圣帝国的皇帝,也就是说查士丁尼、君士坦丁和奥古斯都的继承人(为此才选择维吉尔作为向导)。哪有比这更一以贯之的持续性! 但是为什么继承罗马帝国权势的是德国而非法国呢? 原因在于,在法国处于从加洛林王朝向出身更卑微的加佩王朝和瓦卢瓦王朝过渡的不稳定时期,德国却把一些强大的国王推上宝座,它们继了查理大帝的双重遗产——法兰西和德意志的遗产——,使得德意志遗产结出累累硕果。他们当中最著名的一位出生于图林根(又是图林根!),一开始是萨克森公爵,于963年在亚琛成为德意志人的国王,于951年在帕维亚加冕为伦巴第人的国王,最终于962年在罗马接受教皇加冕成为皇帝。他的名字叫奥托一世,人称奥托大帝。

如果不考虑到德国肩负着征服地中海的过往,我们就无法真正理解德国。在长时间里,德国人试图延续他们的梦想,设想一种永恒的政治光荣,将西西里享乐主义的极乐和十字军骑士的英雄主义相结合,为他们的想象提供养分。一种无漏洞的、无休止的持续性将13世纪在瓦尔特堡参加角逐的名歌手们与图林根的浪漫派连接起来,他们追逐海因里希·冯·奥夫特丁根的脚步,哀愁地渴望摘撷梦中的"蓝花"。荷尔德林在一个理想的希腊建立居所,一开始就穿着恩培多克勒①的鞋子踏上这条地中海大道。歌德在将可怜的玛格丽特送到基督世界的天国之后,又把浮士德遣往何方?到拜占庭皇帝的宫廷,到希腊及中东。地中海梦想纠缠着这位学识渊博的德国诗人的头脑,正如今天度假团体在亚得里亚海殖民一样。有一个象征,那就是托马斯·曼的《死在威尼斯》。

---

① 恩培多克勒(Empédocle),公元前五世纪的希腊哲学家,相传他为证明自己的神性,投进埃特纳火山而亡,但是火山却将他的青铜凉鞋喷射出来,证明他的不诚实。

那个在 1804 年结束这种惊人构建的人①,觉得自己最好当皇帝。他把罗马搬到巴黎,以为从教皇手里夺过皇冠,就能抹去整整千年的欧洲历史。他修复的是查理大帝遗产继承中的不公正,他实现了弗朗索瓦一世在美第奇银行的支持下徒劳地梦想过的结果。拿破仑的行动将产生可怕的影响,他彻底剥夺德国的梦想,却埋下复仇的种子……

集大成与未完成

如果我们过于肤浅地把但丁当作德国人,我们很快就暴露于来自德国方向的攻击。埃里希·奥尔巴赫写于 1924 年到 1954 年间的系列文章,迪亚娜·默尔将它们集结成册并译成法文,1998 年由马库拉出版社(Macula)出版;他让我们看到这条道路上面最早遭受禁止的人。为了探测这种压抑到底有多深,我们有必要重提一下这位年轻的法学教授如何接受诗人斯特凡·格奥尔格 1924 年完成的《神曲》节译本。"但丁对德国人来说从来不是一个外国人。在两个民族因为他们对于基督帝国的共同想法而联合起来的千年之初,北方蛮族与罗马血统融合起来而产生意大利民族,它气质高贵,既充满罗

———————

① 指拿破仑·波拿巴。

马帝国的恢弘气象,又保留了日耳曼蛮族的些许神韵。他身后的任何意大利诗人,现代世界除莎士比亚以外的任何诗人,都不曾如此打动德国人;长久以来,人民的集体意识一直记着他在人间的遭遇和他作品中伟大而神秘的激情。"读着这些文字,我们明显感到一种相互的尴尬,看到在不到一个世纪的时间里,浪漫派倡导的民族文学思想就蜕化成一种图表似的、干瘪的意识形态。

诚然,奥尔巴赫在与但丁的对话中不断演变。二战期间,他先流亡至伊斯坦布尔,后在普林斯顿结束职业生涯,最终切断德意志意识形态与《神曲》的一切联系。他甚至努力抹去佛罗伦萨诗人身上潜在的狂热痕迹,虽然我们认为这种努力是画蛇添足。他更多着意于美学而非宗教。然而对于1924年,我们不要忘了那时墨索里尼已经上台,正如译者迪亚娜·默尔正确地指出的那样。同样,我们也不会忘记发表于1927年的另一部重要作品,即康托洛维茨①关于腓特烈二世的研究,它重新激起神圣帝国——轴心性的吗?——的意大利形象。在1924年的一篇文章里,奥尔巴赫认为"日耳曼蛮族"根本无法模仿"但丁那种捕捉感性并使之屈服于形式的能力",并解

①　康托洛维茨(Ernst Kantorowicz, 1895—1963),德国历史学家,纳粹上台后移居美国,代表作有《腓特烈二世》(1927)和《国王的两个身体》(1957)。

释说，那是因为"我们对感性的把握更加模糊，我们的灵魂更加远离大地、超脱于重力"。然而，这并没有阻止他把但丁弄成一个"准德国人"。

或许他说的没错。或许那个时代的德国心灵深陷1918年战败的梦魇，在他们受伤的记忆深处感到一种遥远的、柔和的回响。今天的我们已经足以摆脱民族历史及其粗糙的意识形态建构，让我们能够同时考察原始的震荡和以其为圆心不断扩展的波纹引起的杂乱回响。

但丁出生在欧洲一个四分五裂的地方。他很早就失去双亲，使自己暴露在周围粗暴世界的包围之中。我们可以想象，他不得不思考身边冲突的原因。我们不妨把这当作他终生的努力，也就是说，弄清楚什么以及谁在相互对立，为何他不能是别一种样子，为何他必须选择立场。他把爱的知识扩展到整个创世，还越来越清晰地界定了人与思想之间的分野。佛罗伦萨是他的实验室，是他用来剖开基督徒肉身的工具，比帕多瓦人体解剖教室里的任何实验都能更好地剖析人类的身体。

我们可以提出疑问：现代政治是否发明于佛罗伦萨。是的，就宗派及其代表依然构成现代政治的主要动力而言。但是可能有人会不安地追问，诗歌干政治何事？事实胜于雄辩：但丁、彼特拉克和马基雅维利，都在城邦里起到各自的反思性的、积极的作用。尽管马基雅维利更重视适于表现争吵的戏剧而非十四行诗的艺术,三位作家却都在公共事务中发挥了作用。对于但丁和彼特拉克,我们要指出的是,两人尽管相隔五十年,却分属佛罗伦萨的两个对立阵营。但丁拥护皇帝,皇帝的拥护者在佛罗伦萨被称作吉伯林派。彼特拉克却站在教皇一边,慷慨地为教廷建言献策:他总体而言是一个归尔甫派分子。谁知道我们的诗歌感性——往往偏爱一个嫌恶另一个,很少能兼顾——是否受到这种分野隐隐的引导?

虽然有人在但丁身上看到的是或多或少的"日耳曼性"或"蛮族性"——正如年轻的奥尔巴赫暗示的那样——,这丝毫都影响不到他的伟大。只有容易受民族主义意识形态吸引的人才会喜欢简单化的思想。但丁的伟大在于他的浑然一体。他创造的作品取代了创造者的历程,让人们忘记那种历程穿越的不同阶段。尽管但丁是第一个与读者谈论写作计划的作家。《新生》和《飨宴》都是如此。他说,《神曲》的写作不仅是一个写作的纲领,还是一个生命的纲领。那纲领还清醒地预期到计划的无法完成:无法把任务进行到底的怀疑,在文学上第一次构成挑战的有意识的构成成分。后来,歌德用一部开放的或不断重新打开的作品来陪伴生命,那就是《浮士德》。浪漫主义的写作计划更是浮士德式的。他从一开始就摆出开放性,并在断片中不断增加着开放性,早在 T. S. 艾略特之前就说:"我的开始在结尾里。"

城邦里的诗人

所以说,但丁不是德国人。浪漫派以"最伟大的超越诗人"来尊崇他的原因与德国有关。更准确地说与德国在现代欧洲的建立中所扮演的角色有关。我们确实认为——这是我们的论点——,欧洲的"伟大诗歌"是带着对根本性分歧的清醒或无意的记忆前行的。那些在第三个千年前夕持续搅动欧洲的大问题,是基督教发展过程中世俗权力与精神权力之间的原初冲突的直接而遥远的后果。仅仅因为我们已经忘记这争论的历史根源,它才显得与我们无关。然而,这场争论关乎的是罗马帝国秩序内部的基督教宗教体制。它可追溯到君士坦丁皇帝采用基督教为国教的决定。

那争论不再与我们有关,因为我们生活其中的社会已经彻底抛弃了宗教选择和历史决定。这是有原因的。在我们即将走完的这个世纪里,"历史"——大写的历史——作为无情的超越性被人所经历。历史之神取代了古代的神祇。这崇拜要么把战场要么把集中营作为教堂。不难理解,一种历史无神论作为对此的反应应运而生,并扩散某种对于一切体制形式的普遍不信任。

然而,我们的放弃也让我们受到失忆症的威胁。对"大写历史"神圣化的拒绝并未消除"大写历史"的积极存在,也丝毫未能撼动那些使得我们的立足之地变得脆弱的分裂。一种取决于技术征服的即时文明企图取代古老的信仰。我们的"灵性"(spiritualité)简单地重新回归到物质主义,至多是卢克莱修①式的,正如古罗马经济辉煌的奥古斯都时代一样。

但丁明白一个道理,奥古斯都的帝国秩序,或者一切建立在经济繁荣政策上的秩序,都需要它的维吉尔。这个佛罗伦萨人生活的城市取得像帝国一样的商业和金融发展。当他选择罗马诗人维吉尔作向导的时候,那就给人一种双重的印象:在人间政府秩序中的连续性,天国政府秩序中的变革性。在罗马帝国和基督帝国之间,矛盾性地同时共存着连续性和变革性。他的分析明显依照圣奥古斯丁的《上帝之城》,即用政治术语辨析人间与天国的关系。德国浪漫派理解的就是这种悖论,他们恰逢法国大革命的转折点,而那场革命在本质上就属于人间性质,甚至陆地性质。这与浪漫派追求宗教探索的愿望背道而驰,于是一些德国人就求助于自己的历史,倚靠基督教化的罗马帝国,重新划定天与地、世俗与宗教之间的论争各方。

---

① 卢克莱修(Lucrèce),公元前一世纪的古罗马哲学家,上承伊壁鸠鲁,下启卢梭,《物性论》的作者。

确实,但丁是投身政治的少数诗人之一。如果只考虑1300年他担任市长职务的两个月,他的政治生涯是极其短暂的,但是如果从他1295年加入医生与药剂师行会算起,那就长得多了。佛罗伦萨共和国当时的职务分配对于今天的观察者来说是非常迷人的。我们可以感受到,当地的立法者认为政治权力本身是危险的。危险,因为可企望。而且那欲望还可能因为职位的无限细分而倍增,我们仿佛可以在但丁那里追寻到界限划分——不同界限由领土边界分开——的爱好,使《神曲》变成佛罗伦萨政治场域在诗歌平面上的某种反转投射。这个建立在分权基础上的共和国,佛罗伦萨人是通过卓绝的奋斗才获得的,在外抵御敌邦,在内相互倾轧和流放。当年届三十的但丁开始政治生涯时,两年前的一纸法令禁止贵族担任任何政治职务。于是行会成为必然的迂回之路。威尼斯那时的情况恰恰相反,是精英式的共和国。

看到今天的意大利重现分裂的图景,这也不令人吃惊。意大利总是分裂的,因为它的历史、地理、政治空间就包含着分裂的因素,而且已经对分裂进行了思考。佛罗伦萨的分裂深刻影响到各个家族和个人,我们可以想象年轻的但丁全心研究分裂的原理,但是突然因为对贝雅特丽齐的爱才得以超脱。清醒的精神和融合的欲望在他身上一起发生作用。或谓,以辩证的方式。在此意义上,他是圣托马斯的完美门徒,因为圣托马斯认为,爱与理性的结合应当成为人类活动的主要动力。现代的一位像保罗·克洛岱尔这样的诗人带着绝望追求的东西,正是这种均衡理想的秘密。又该如何平息内心的重重忧虑？在德国浪漫派和兰波这位伟大的德国浪漫派之后,我们已无法完全重新成为但丁。德国已成为欧洲名副其实的"难题";没有这一问题的解决,欧洲就无法超越自我,继续前进。要解开德国之谜,就要求诸于德国传统和欧洲其他国家的传统。或许会有人说,由于身处偏远,法国人并非解德国之谜的最佳人选。但如果那是生活在法国边境的法国人呢？

出使罗马

刚刚卸任佛罗伦萨市长,但丁即衔命带领使团奔赴罗马,觐见教皇卜尼法斯八世。他的使命是什么？让教皇约束觊觎佛罗伦萨的野心,而那野心是假借教皇的马前卒即安茹的查理之手推行的。法国人为什么掺和进来？答案很简单:法国人企图重新掌控那个昔日从他们手中溜走的帝国。他们只是意识到目标所在吗？未必。他们的政策似乎已经变成反动性的了,因此也就是短视的。然而,这仍然不妨碍未来的法德冲突从中找到实质性的根据,并在潜意识的秘密宝库中暗暗滋生。路易九世,法国历史上以"圣路易"而著称的"极度虔信的基督徒国王",派遣他的弟弟安茹的查理到西西里。西西里确实占据着十字军东征道路上的关键位置。欧洲人无法凯旋回归到基督的墓地,转而强化他们在西西里岛的势力。腓特烈二世,一位母亲是诺曼底人的德国人,利用教皇的庇佑,并趁着诸侯在帝国选举中的争执,成功登上神圣帝国的宝座。腓特烈将巴勒莫变成一方要塞,使它成为权势和荣耀的所在,并从那里通过一个坚强的行政系统对意大利和整个德国进行统治,并且他的宫廷还敞开大门面向地中海所有文化的影响。犹太人、阿拉伯人、普罗旺斯人、德国人、意大利人和诺曼底人在那里相遇,相互学习。他们围绕着年轻的德国皇帝,围绕着一些影响巨大的家族,比如阿奎诺家族。后者中的一个儿子在腓特烈创建的那不勒斯大学求学,后来成为索邦神学院的博士,并成为整个神学界最高深的大师。

在巴勒莫的宫廷里,诗歌和音乐的地位也丝毫不差。由于消灭清洁派的运动,许多普罗旺斯人从法国南部流亡到此,与西西里人和阿拉伯人毗邻而居。他们互相交换节奏和韵律。"十四行诗"由此产生。在当时,那是侍臣们的诗歌游戏,诗歌中的政治游戏,有人将一个名叫雅各布·达·伦蒂尼[①]

---

① 雅各布·达·伦蒂尼(Jacopo da Lentini 或 Giacomo da Lentini),十三世纪意大利诗人。

的人视为十四行诗的始作俑者：但丁就持这种看法。法兰西一直梦想光荣，它之所以受到这个权力中心的吸引，更因为掌控它的是一个反对教皇权威的人。但法国表现出一个弱点，一种力量上的脆弱性，而且在需要时，法国还会尽量利用这种弱点。教皇站在法国的一边，法国总是谨慎地传承纯正的精神血统。罗马一直对腓特烈施加压力，让他参加十字军东征。后者一直推诿、推迟，直至最后被革除教籍，才终于在1227年踏上耶路撒冷的征程。然而在那里，令人吃惊的是，这位来自霍亨斯陶芬家族的德意志皇帝不仅没有像戈德弗鲁瓦·布永①那样展开血腥的战斗，反而与伊斯兰教徒缔约。他没有流一滴血，就成功地在耶路撒冷、拿撒勒和伯利恒建立了一个穆斯林–基督教共治的政权。他甚至被加冕为耶路撒冷之王。这意味着，在所有前辈以及他的敌人圣路易纷纷折戟沉沙之处，他都大获成功。他用金钱取胜，用钱收买了埃及苏丹。这是多大的丑闻啊！这是多好的榜样啊！

我们知道，腓特烈二世和罗马之间随后爆发无情的战争。我们还知道，腓特烈为此在德国新教的民间想象里获得神话般的高度。面对如此的放肆，教皇们怒不可遏，用革除教籍和废

---

① 戈德弗鲁瓦·布永（Godefroy Bouillon，约1058—1100），或译"布永的戈弗雷"，洛林公爵，第一次十字军东征的英雄，被称为"耶路撒冷圣墓守护者"，是西方历史上的"九英杰"之一。

黜来惩罚他。腓特烈不投降,不屈服,派军队占领教皇属国。在遭到教皇英诺森四世废黜五年之后,死神突然攫住了他。英诺森四世是在腓特烈的支持下才登上教皇宝座的,上台后为行使职权寻求法国的保护。法国把这个战利品抓在掌心,掌控了局势。英诺森的继承者克雷芒四世是一个出生在加尔的法国人,曾为圣路易服务,尤其因宗教裁判所的事务而引人注目。为了抵抗霍亨斯陶芬家族——这个来自施瓦本的出了许多皇帝的家族——,他为法兰西国王的弟弟、西西里国王安茹的查理进行加冕。这发生在但丁出生一年后的 1226 年。三十五年后,但丁受命到卜尼法斯八世面前指控的那位安茹①人,正是这位安茹的查理的儿子。作为其父称职的继承者,安茹的查理成为父亲的法兰西野心在意大利的代理人。许多世纪里法国政治的继承性实在令人赞叹! 他们仰仗教皇对抗被德国人收入囊中的帝国。在整个局势中,佛罗伦萨是关键之一。法国人在西西里和那不勒斯总站不稳脚跟,正如"西西里晚祷"事件所表明的那样,法国将被迫放弃西西里,却保留那不勒斯,试图与佛罗伦萨联手并且最终取得成功。这种局势持续到文艺复兴时期,美第奇家族在法国历史上大放异彩。

佛罗伦萨人是金融家。他们那里流通的是一种被称作

---

① 指安茹的查理二世。

"弗罗林"(florin)的通用货币。他们出现在世界上所有的商业和金融重镇。教皇们以及背靠教廷的法国人所进行的历次冒险都得到他们的金融支持。佛罗伦萨城因为繁荣而成为现代城市文明的一个策源地,使它在各路诸侯的宫廷——如巴勒莫的腓特烈二世宫廷——竞争中总能占得上风。我们发现,银行分支的持续性比王侯称号的继承性具有更大的稳定性。虽说白银的行情会随着经济情况而浮动,君主智力的偶然性却是一种更大的不确定因素。《威尼斯商人》——威廉·莎士比亚最接时代商业现实地气的一部戏剧——触及的正是这一问题。我们可以感觉到,这位伦敦诗人是一位天生的谈判高手,睿智而务实,充满理想地试图将金钱的力量和君主的修养结合起来。他将意大利搬到伦敦的梦想转变为温暖的乌托邦。然而威尼斯不是佛罗伦萨,后者才是现代城市里最矛盾的那个,它的金融稳定似乎从未受到政治起伏的威胁。

黑白对垒

但丁的罗马之行给他带来灾难性的后果。就在他和他的佛罗伦萨朋友们前往教廷的旅途中,受到教皇祝福的安茹的查理二世侵入佛罗伦萨,并毁掉阿利盖里家族的房屋。诗人之所以在《神曲》中报复教皇们,尤其是卜尼法斯八世,这是原因之一。一个新的市府团队赶走旧团队，而且在 1302 年 1 月和 3 月，但丁将遭到两次缺席审判和判决。第一次判他两年流放，外加五千弗罗林的罚款。第二次干脆判他死刑。诗人做了什么，要受到如此严厉的惩罚？当地的风俗就是，各个派别都对民主怀有一种暴力的观点。但丁担任市长期间曾投票同意放逐他的朋友、诗人吉多·卡瓦坎蒂，后者在流放中殒命。我们看到，诗歌与政治很少能够和谐相处，以致我们无法不怀疑，美国诗人埃兹拉·庞德——另一个著名的失败例子——是否曾恶意地模仿但丁，甚至要自己像但丁一样遭到流放？

我们经常忘记的一点是，政治具有暴力性，政治是暴力的载体。在追求独立的过程中，佛罗伦萨很多地方都曾经被暴力笼罩。早在但丁之前，这座城市就已经变成一些更大规模势力斗争的角斗场。作为欧洲大历史钟爱的人质，佛罗伦萨带着一种惊人的热情接纳这种历史。在德国皇帝及意大利国王与罗马教皇之间的最初冲突中，佛罗伦萨城交替支持两个阵营。其背后肯定有强烈的商业和金融利益，但是我们也可以在那种冲突中嗅到一种体育运动的成分。在锡耶纳，直到今天，代表每个堂区的骑手们跨在不带马鞍的马背上围绕着帕利奥的广场冲锋陷阵，每年一次，那完全不是玩过家家的游戏。他们在凹凸不平的道路上为胜利而冲锋，寻求着对手的落马和死亡。那既是体育又是政治。在佛罗伦萨，不同队伍戴的帽子泾渭分明:黑色和白色。

黑色被称为吉伯林派,白色被称作归尔甫派。英国小说家多萝西·塞耶斯——以她写的侦探小说而著名,也留下一种出色的、像原文一样押韵的《神曲》译本——提出一种说法,佛罗伦萨的这种分裂启发了英国的约克家族和兰开斯特家族之间的红白玫瑰之争。曾经在很长时间里,我们都认为这些玫瑰应该只是盛开在莎士比亚的想象里,然而莎翁是一个眼快的读者,他将在佛罗伦萨花园里摘下的玫瑰移植到英国花园里也未尝不可。佛罗伦萨的玫瑰实际上是百合。多萝西·塞耶斯解释说,巴勒莫的霍亨斯陶芬家族的腓特烈二世死后,佛罗伦萨的归尔甫派从吉伯林派手里夺取权力,改变了城市的徽章。他们用白底红玫瑰取代红底白百合,而吉伯林派则沿用旧标志。然而,我们很难区分历史保留的两种颜色,因为历史经常让人类改旗易帜。黑色的吉伯林派拥护皇帝在意大利的权力,白色的归尔甫派则支持教皇的阵营。在某个历史阶段,吉伯林派在佛罗伦萨被彻底清除,将阵营丢给了归尔甫派。仿佛出于一种政治的自然规律,归尔甫派就又分裂为黑色归尔甫派和白色归尔甫派。

混乱由是出现,仿佛历史要嘲讽人类的小肚鸡肠似的。"黑色派"变成教廷的激烈支持者,而"白色派"却对皇帝表现出温和的拥护。两个阵营互换了颜色,但是对立却比以往更加尖锐。但丁出生在一个白色归尔甫派的家庭,随着政治生涯的推进逐渐靠近皇帝的立场。他经常被人说属于吉伯林派,影射的是他所属派别的旧形式。这样更容易说清楚。吉伯林派支持的是霍亨斯陶芬家族的皇帝,领地在斯图加特以北的魏布林根的德国施瓦本人。要理解从魏布林根到吉伯林的演变,需要能想象意大利语对德语辅音进行压缩时所遭遇的困难。至于归尔甫,也来自施瓦本的一个名叫韦尔夫的地方,靠近康斯坦斯湖北岸的拉芬斯堡。如果我们今天翻开地图,我们会意识到,在这两个家族以及另外两个同样著名的家族——哈布斯堡家族和霍亨索伦家族——之间,地理距离的靠近是极其惊人的。整个欧洲的历史似乎取决于一个相对狭窄的四边形,斯图加特在北,苏黎世在西,康斯坦斯湖在南,乌尔姆在东。欧洲轴心的征服性的政治势力好像都诞生在多瑙河与莱茵河的源头之间的地带。

从地理学的角度看,欧洲历史突然显得那么狭小! 一旦进入但丁作品的核心,我们就被带到一个欧洲的历史-地理的视野,一种我们再也无法回避的视野。当然,我们要重申,但丁不是德国人,更因为民族观念在他写作的时代还毫无意义。流落到由德国君主统治的西西里宫廷里的普罗旺斯诗歌给一位托斯卡纳人带来灵感。

5

诗歌，冒着福音的危险

王冠上的荆棘

假如没有罗马帝国政治权力的帮助,基督教还能成为基督教吗?这种粗暴的提问可能使人难堪,因为它不仅对基督教的神启提出质疑,并且还怀疑,一旦离开世俗的支持,"真理话语"自身是否具有足够的力量,能够最终在缺少世俗支持的情况下君临天下。换句话说,一个宗教的成功是其真实性的标准吗?毫无疑问,基督教取得极大的成功。它取得的成功如此之大,以致它成为一切尘世或物质成功的标杆,实在是讽刺至极!基督以降,成功,就意味着出生在地球上的任意地方——往往是偏远和卑微之处——,尚未成年就戴上世界的王冠。诚然,基督升入髑髅地时头上所戴的荆棘王冠,这个形象是为了嘲讽他的世间王国。某几个艺术家曾经残酷地提醒这一点,其中最清醒的就是耶罗尼米斯·博斯。对于质疑帝王的上升模式或者基督成功的上升模式,谁又敢说出口?

基督教和罗马帝国相遇的背后,是两种"选举"模式之间的相近。如果来自遥远的行省,皇帝往往是一位经过漫长历练而获得权力的军队将领。这方面最完美的例子是君士坦丁大帝,他将基督教确立为国教,基督教欧洲的故事从他讲起。他原本就是皇帝的儿子,他父亲君士坦提乌斯一世在征服英格兰的过程中死于约克,但是他需要通过武器证明自己配得上皇位的继承权。新颖之处——或者准确说革命之处——在于,通过他的行动,皇帝选举和宗教选举将合二为一。君士坦丁大帝恢复了罗马帝国神化皇帝的古老崇拜,只不过改成了基督教版本的崇拜。通过他差不多十年的努力,从 313 到 324 年,一份在帝国内对基督徒采取宽容的敕令在米兰通过,在尼西亚召开了第一届大公会议,并建立圣父圣子"同质论"的教义。

我们无法想象政治和神学之间比这更融为一体的巧合。顺便值得一提的是,此前针对基督徒的迫害此后将会转向异教徒。一个宗教国好像无法避开某种形式的宗教裁判所。然而在这种结合之内,君士坦丁大帝带来——或许他并不知道——未来不和的种子。他抛弃罗马,迁都君士坦丁堡。出生于尼什——在今天的科索沃——的他，仿佛试图将罗马帝国的东西两半捏合成一处，平衡希腊和拉丁两边的语言和文化。

君士坦丁堡已然成为政治首都，而罗马依然是宗教首都。五个世纪以后，流传一份题为"君士坦丁献土"（Donation de Constantin）的伪文本。尽管号称出自首位基督教君主之手，这份文本很可能在教廷的作坊里制作出炉；文章解释说，君士坦丁大帝之所以弃罗马而迁都君士坦丁堡——这时已改名为拜占庭——，为的是让两个首都、两种权力之间的关系不再模糊。出于对教皇的尊敬，君士坦丁大帝就把"西部行省"留给教皇，并给他一些与皇帝类似的徽章，其中包括尖顶白帽子或"弗里吉亚帽"，后来演变为教皇的三重冕。在反对日耳曼神圣罗马帝国皇帝的争论中，这份"君士坦丁献土"将会反复被教皇们援引，以证明他们权力的合法性。君士坦丁大帝维护帝国统一的努力并未持续很长时间，罗马帝国分裂为两半，东方的基督教会逐渐把教廷代表的一切职权留给拜占庭皇帝，然而东正教教会将来会收回这种服从的遗产。在西欧，罗马教廷的权力将依然成为文明的唯一中心，主要通过修道院的中介，而且让所有的日耳曼入侵者接受。查理大帝于 800 年在罗马的加冕将政治权威和基督教权威重新置于唯一的皇冠之下。12 月 25 日，在圣彼得教堂举行的仪式中，利奥三世让罗马人为查理大帝欢呼，然后他在新皇帝面前下跪，因为那是罗马帝国的宗教仪式的传统。从此之后，皇帝的神圣化都将以基督教之名进行。现实的王冠和象征的王冠被汇合到唯一的、同一个光荣之下。

荆棘到了何处？到了被表面的融合所掩盖的分裂之中。一方面，日耳曼神圣罗马帝国的梦想里将永远纳入东方的一半。这个梦想将催生十字军东征。当然，官方的目的将是重新征服基督之墓，但有组织地切割拜占庭将会是更有利可图的真实目的。东征战士们忘掉寒酸的基督坟墓，扑向这座奢华首都的金银财宝。一位来自比卡迪的小领主——罗贝尔·德·科拉里①——表现出的幼稚的吃惊，让我们理解什么是现实超越梦想。从另一方面来说，查理大帝的日耳曼继承者们登基时都会依据查理大帝的模型进行加冕，在亚琛进行，却未必重复罗马的仪式。他们的世俗权力，在他们十字军东征的传奇角色——腓特烈一世、亨利六世、腓特烈二世②——的

---

① 罗贝尔·德·科拉里(Robert de Cléry，约 1170—1216 年以后)，法国北部比卡迪地区的小贵族，参加第四次东征，留下一部著作《征服君士坦丁堡》。

② 腓特烈一世(Frédéric Barberousse，约 1122—1190 年)，神圣罗马帝国皇帝，绰号"红胡子"；亨利六世(Henri VI，1165—1197 年)，神圣罗马帝国皇帝，腓特烈一世的儿子；腓特烈二世(Frédéric II，1194—1250 年)，神圣罗马帝国皇帝，亨利六世的儿子。

加持之下,让他们成为天国的直接代理人,他们能像天国的罗马代理人一样与天国交流。天国的代理人满足于在罗马宣扬东征,既无惊又无险。

与人群对话

但丁痴迷于政治,他是第一位伟大的政治诗人。我们感觉到,他在佛罗伦萨的执政历程可谓短暂而激烈,并且以最粗暴的决定即遭到流放而终结,却给《神曲》打下深刻的烙印。当然,那是一首关于爱情和爱情忠贞的神奇诗歌。然而,哪怕在爱情的交流当中,都洋溢着一种共同体感。在地狱和炼狱前行的整个过程中,但丁的行为都像一个现代政治人物。他对别人感到好奇,他靠近他们,与他们攀谈,询问他们的状况。他们情况怎么样,为什么在那里,犯下了什么失误或者错误?这既可以说在地狱里,也可以说在佛罗伦萨的街头上。虽然与二十世纪城市人群的密集程度不可同日而语,当时佛罗伦萨街头上纷纷聚拢的小股人群却为诗歌提供直接的背景。《神曲》是几乎完全建立在对话基础上的诗歌。当然,书中的风景描写让我们可以重建某种地理学,比如在《炼狱》的第一歌中,维吉尔和但丁一起走向清晨玫瑰色的阳光照耀下的沙滩,太阳刚刚从海平面浮升上来。我们轻松地陪伴着他们,为离开下地狱的人群而松一口气，我们呼吸在这片白色的狭长区域上，如同费里尼电影中的沙滩一样。那里或许是拉文纳或者里米尼，我们跟随两位旅行者走向一个新月形的海湾，那里有卡托指给他们的大片芦苇荡。突然，诗歌震颤起来，画面颤栗起来，我们带着一种分享的巨大幸福感发现大海："我辨识出大海的颤栗"（ *conobbi il tremolar de la marina* ）。即使此处仍然有对话，但丁讲给自己也讲给我们他眼中看到的大海。随着诗歌前行的每一步都存在一群听众，他们无论隐身的还是明显充满耐心，都时刻准备听他提出的问题以及倾听他的真情告白。对话为诗歌的主题提供养料。假如没有共同体的不言明的存在，或许就没有这首诗歌。

作为政治参与者的但丁，担任佛罗伦萨城里的最高长官即市长不过短短两个月的时间。作为《神曲》作者的但丁，在地狱或炼狱旅行期间，要和数百位不同人打交道；作为政治理论家的但丁，在许多论述中展示他的权力观念，但普通读者一般会跳过不读，只有专家会注意到那些细节。然而，一种出色的连贯性将这三种身份联系起来，困难在于给出这种连贯性的准确阐释。对于我们，但丁在政府方面的观念和《神曲》的诗歌有直接联系。诗人让无尽的人物长廊占据他的"天国之城"，人物之间的等级制度是毋庸置疑的。绝大多数的罗马教皇都在地狱里，而圣徒和神学家们则高居上帝之侧的光明之境。对但丁来说，教会——政治化建立起来的基督教——就是敌人。他的批评会走到什么程度？他的政治论述整体上是温和的。在诗歌里，他的仇恨和抨击的冲动会走向一些明显激进得多的方向。《神曲》对基督教体制的批判宣告着两个世纪以后，日耳曼君主以及他们的专业打手路德，都表现出的对罗马极其严厉的态度。

在教皇与皇帝之间的斗争中，但丁支持皇帝。以佛罗伦萨的地方化政治术语来说，他亲近吉伯林派，或者更准确地说，他亲近吉伯林派的继承者，即白色归尔甫派。然而，这种分野让佛罗伦萨城如此撕裂，以至于任何家族都无法置身事外。就这样，诗人选择了与他妻子所属的多纳蒂家族相敌对的阵营。多纳蒂家族正是黑色归尔甫派的核心。他们的首领科尔索·多纳蒂是一位贵族冒险者，他操弄民众，拥护罗马。今天，当意大利人称呼某位政治人物为"骑士"(*Il Cavaliere*)时，意大利民众的记忆里浮现的或许就是此人的形象吧？与这些人不同，白色归尔甫派是自由派的银行家，促进一种向人民更为开放的政策，并捍卫佛罗伦萨的独立。他们仇视教皇，但是仍然试图与教皇打交道，为的是保护他们在其他城市的银行和商业中心，包括在罗马。但丁将成为他们的代言人，同时也将成为他们交易的牺牲品。教皇们对大胆挑战他们权威的腓特烈二世祭出革除教籍和流放的惩罚，却并未削弱他的势力。然而，帝国再也无力抗拒卜尼法斯八世无边的野心。诗人席勒——德国史的伟大爱好者——把那个时期称作"没有皇帝的可怕时代"。利用帝国的空白期，教皇们强化对意大利和托斯卡纳的控制，辅助他们的包括法国的圣路易，及其弟弟安茹的查理，儿子腓力三世和孙子"美男子"腓力四世。

继承腓特烈二世的是哪些皇帝？首先是一位世人知之甚少的瑞士人鲁道夫一世，他之所以后来变得有名，是因为他在军事上打败波西米亚公爵，创立了奥地利哈布斯堡王朝——日后成为整个欧洲的联姻中心。随后，由于瓦卢瓦王朝的压力日益增强，日耳曼选帝侯们将卢森堡家族的亨利推上神圣罗马帝国的宝座，那就是亨利七世。选举发生于 1308 年。作为帝国的拥护者，被逐出佛罗伦萨的但丁重新燃起希望。或许终于有机会返回自己的城市了吧。除了入侵波西米亚并在儿子约翰的帮助下建立一个王朝之外，亨利七世皇帝让拥护他的人感到失望。他向意大利北部城市开战：米兰、布雷西亚、伦巴第联盟，然后又徒劳地围攻佛罗伦萨长达六个星期。他准备南下锡耶纳迎击法国军队，然而因患疟疾而死于途中。

光明河流的对岸

但丁在《神曲》中给亨利七世一个特别的地位，不仅多次

114

引用他的话，更在《天堂》第三十篇中给他安排一个靠近上帝的位置。除诗中的主角即诗人本人和他的向导贝雅特丽齐，没有任何大人物出现在如此崇高的地方。此后出现的唯有蒙幸团体，而一切人间的影子都将消失。在下一曲中，即使贝雅特丽齐也要把向导的角色交给圣贝尔纳。卢森堡皇帝享有的重视程度与但丁对他倾注的希望相称。然而，在诗人写《天堂》之际，即大约在1315年，皇帝已经死去两年。军队的虚弱和战略的混乱或许已经降低拥护者对他的敬仰。但丁则相反，他依然信心满满地攻击教廷，因为法国籍教皇克雷芒五世于1309年将教皇驻地从罗马迁到阿维尼翁，这更弱化了教廷的实力。皇帝被吹捧到无上光荣顶峰的同时，克雷芒五世则被贬下地狱，虽然他堕落的程度相较前任卜尼法斯八世略有所减。然而后者却因为克雷芒五世的到来而降入"壕沟"①的黑暗世界。

但丁所表现出来的"纪实感"，虽然对那个时代来说非常了不起，今天却变成一种让我们倍感厌倦的博学堆积。除非还原时间的厚重，并将《神曲》放入它的历史背景中，否则面对它承载的信息，我们只能束手无策。政治和神学从来不曾

---

① 《神曲》里的地狱分为九层（"圈"），其中第八层分为十个 bolge，或译"壕沟"（田德望），或译"沟"（王维克），或译"断层"。

在一首诗中共存到如此的程度。我们所知的任何现代的例子都没能复制这种结合。维克多·雨果将《惩罚集》与《历代传奇》分离开来。他的患偏执狂的敌人——小拿破仑——并不是在大堆次要敌人的陪伴下走向耻辱柱的。我们可以对《天堂》建筑的完成提出疑问。提纲是否提前构思成,然后再根据情况插入某些行程?我们可以想象,走向光明构成诗歌的白色音阶,而在它们当中,根据事件的发生,黑色音阶插入其间。贝雅特丽齐作为向导最后的手势是,她把亨利七世皇帝将会永远占据的座位指给但丁看。这是一个明白的事情,帝王灵魂的净化只需很短的时间。对于但丁的政治偏袒居然可以坦然面对神学论证,实在令人困惑。一个混合着仇恨和确信的大杂烩!那些曾经在出发之际困扰年轻爬升者的怀疑哪儿去了?我们不禁要问,朝圣者通向净化灵魂的光明旅行或许与清洁派①之间并无契合。如此强调纯洁性,肯定会让读者对整首诗歌产生最美好的意象,但是事后回想,这种纯洁性在我们看来显得可疑,因为我们曾经看到那么多宣称净化灵魂的邪教和原教旨主义!我们在认真阅

---

① 清洁派(catharisme),又译作纯洁派或纯净派,或音译作"卡特里派",是中世纪西欧受摩尼教影响的基督教派别,11—12世纪在法国南部发展到顶峰,后被教廷宣布为异端,到14世纪末基本上被消灭。该派主张灵魂高于肉体的二元论,认为基督不具有神性,反对教廷,并主张禁欲、斋戒、不杀生等。

读但丁时，有时会想这是一位提前出现的新教徒，他有无论路德还是加尔文都不曾达到的复仇激情。在但丁这里，奥古斯丁修士的工作早已开始了。

第三十篇中最后攀升之际，一旦跨过那条"光明河流"，目光深入下去，就会发现一片春天一样、天堂般翠绿的草地。此后约百年，当凡·艾克①在《根特祭坛画》中再现这种风景的时候，他是否读过但丁呢？阅读但丁对我们构成吸引的，一直正是他透过叙事性想象力所塑造的那种时间与空间形式的可塑性。威廉·布莱克——《神曲》的伟大阅读者并为之雕刻一些木版画——试图延续这种能力。诗人的自由与人间政治或神学的规定性相比，显得无限地高远，然而两者并非完全分离。"这里不因为近而有所加，远而有所减"（ *Presso e lontano , li , né pon né leva* ）。无论想象力多么自由，在绽开的光明玫瑰中间隐现的实际上正是日耳曼神圣罗马帝国皇帝的宝座。因为假如上帝不借媒介而直接管理，自然规律就是没有作用的（ *ché dove Dio sanza mezzo governa , la legge natural nulla rileva* ）②。从这里我们可以推断出，如果说

---

① 扬·凡·艾克(Jan Van Eyck, 1385—1441)，早期尼德兰画派最伟大的画家之一，代表作是《根特祭坛画》《阿尔诺芬尼夫妇像》。

② 此处两处引文出自王维克译本(但丁，《神曲》，王维克译，人民文学出版社，1997年，第487页)。

尘世存在遵循自然法则的上帝代理人——我们可称之为中介——，那也会是皇帝而非教皇。未来的路德派宣称的正是这一道理，甚至连像英国的亨利八世这样的新教君主都坚持这样的看法。

但丁在《王国论》（*De Monarchia*）中论述他的政治哲学，他提出一种权力分立的体系，世俗权力和宗教权力并重。的确，罗马帝国在君士坦丁大帝时皈依基督教，过分粗暴地消除了基督所传信息中的模糊性。基督说，"凯撒的归凯撒"。这是基督说过的关于宗教与政治之间权力的唯一的话。在这个问题上指责基督"撒手不管"，是完全无用的。如何阐释这句话，基督教内部出现激烈的争论并不令人吃惊。比但丁早五十年的亚西西造反①明白无误地凸显这一点。但丁欣赏圣方济各，欣赏他对"贫穷女士"的爱，那就像另一个贝雅特丽齐一样。在《天堂》第十一篇中，但丁借多明我派的圣托马斯不无戏谑地赞美圣方济各。他之所以想象这一场面，不仅因为他诗歌上的非凡自由，还有他对官方基督教的做法所采取的自由态度。诚然，那里是天堂，和解与和谐之地，但是选择一位多明我派教士来赞扬一位方济各派教士，这是一种非常"尘

---

①　此处所谓"亚西西造反"，指的是亚西西的方济各（Francesco di Assisi，1182—1226）设立的方济各修会在基督教历史上扮演的革命性作用，通过清贫苦修的严苛修行对基督教会起到一定的拨乱反正的作用。

世"的放肆。更因为圣托马斯借机对自己的教派展开自我批评,在他看来过于物质主义。这就是但丁,那个被德国浪漫派所喜欢、爱讽刺的通灵者。

无限的宗教

教皇不让人羡慕,国王却会。教皇保护画家或音乐家,却很少保护作家和诗人。仿佛在书籍和圣书——基督教就是围绕圣书建立起来的——之间,存在一种无法调和的竞争。仿佛书籍贸易及其在欧洲的发展为宗教改革提供资源,因此也就是与罗马为敌。仿佛书籍和文学是一种抗议的场所,所有抗议的场所,比表达赞同显得更自然。同时我们也可以说,在教会的反对中,言论自由是毋庸置疑地获得了。在人们的想象里,罗马似乎一直代表着一种否定性的权威,以至于我们可以质疑,是否在文学与新教之间、文学与反对宗教权力之间,存在一种天然的联盟。《神曲》无疑属于这种情况。但丁在诗歌中表现帝国与教廷之间不断扩大的距离,已经远远超越政治介入的范畴。在卜尼法斯八世对但丁的作为中找原因,这并不足以解释问题。教皇设下的政治陷阱不过让一种更为根本的分裂更为激烈罢了。但丁第一个自我验证并向现代世界宣告,诗歌想象不能也不应当遵循既定的宗教规范。相反,想象是属于王权的。在世间的王权与天国之间存在一种天然的联盟关系。因为基督在世间遭受极端的羞辱，他就成为将最卑贱的人性和最高等的神性荣耀结合起来的绝佳的帝王形象。但丁以间接的方式说出这一点，正如莎士比亚在悲剧《理查二世》中说得同样精妙，那是在精彩的自我放逐这一幕中。理查二世脱去身上一切王权的标记——任何教皇都不会做，事实上也不曾那样做过——，在脱衣的过程中已经获得另一种王权，即基督的王权。因为但丁曾经长期而深入地思考道成肉身的神秘，他自然而然地倾向于个体化的王权而非因归属教会而获得的基督教公民身份。这是与存在即王道这种知识相关的想象，而非梵蒂冈的独裁者卜尼法斯八世所包裹其中的图像或浮华。

无论《神曲》还是其作者的历程，都不仅仅是吉伯林派和归尔甫派、皇帝支持者和教皇支持者之间发生冲突的故事。诗歌无法构建在怨恨之上，尽管《神曲》的多个段落都体现出这个缺点。实际上，但丁的头脑深沉而又洞悉民情，倒是许多在今天看来令人反感的原则要把他束缚在狭隘的偏见之中。尤其是有关佛罗伦萨人民纯洁性的偏见，那是诗人在《天堂》第十六篇中，谨慎地借自己的曾祖卡其阿圭达之口说出的。哪怕在过去，听人说某城邦自视纯洁，甚至最卑微的手艺人都如此（*pura vediesi ne l'ultimo artista*），不曾因与其他家族联姻而变质(*Ma la cittadinanza ch'é or mista*)。但是对一方土地眷恋到心胸狭隘的程度,这恰好也是诗人在通往真正纯洁性的攀升过程中努力摈除的。但丁并不自恃能够完全自我控制。他无法达到自己雄心的高度。他承认害怕暴露于可笑之中,尤其在贝雅特丽齐做他的向导时。这种自卑感不仅让这首诗成为"喜剧"①,而且是基督徒真正谦卑的标记。男人遭到自己星星月亮一样心爱的女人嘲讽,这给我们提供了一个讽刺版的骑士之爱。但是这首诗歌的真正独到之处,不仅仅是但丁——长途跋涉的主人公——无法实现理想的可笑境遇,尤其在于诗人但丁在潜意识冲动中的随波逐流。他不是去掌控羽毛笔,而是跟随着手中之笔去追逐意象,而意象很可能超越笔端,进而将文本带到死胡同中,带到疑难(apories)之境。但丁知道这一点,并且说了出来。对完美的追求本身就是意识到自身的不完美,意识到自己与目标的高峰处于不同的维度。

在《天堂》第二十四篇,同样在贝雅特丽齐的引导下,但丁到达第八重天并准备拜见圣彼得。贝雅特丽齐向聚集在那里的灵魂说话,后者舞姿曼妙地聚拢过来。为了便于理解,我更喜欢多萝西·塞耶斯那充满欢喜的译文,为了接近原文我们从英文迂回转译入法文:"那些喜悦的灵魂绕着一定的轴心旋

---

① 《神曲》(*Divina Commedia*)意思是"神的喜剧"或"神圣的喜剧"。

转,发着强烈的光,像彗星的群一般。像时钟内部的轮盘。有的看起来似乎不动,有的却似乎飞着一般;那些跳舞队也是这样,或快或迟,叫人想到他们所得于上帝者的多寡不同。"突然,在这种奇异的光的芭蕾舞中间,环绕贝雅特丽齐的星光比其他的都要耀眼,而且开始唱出一种如此美妙的天音,以致诗人的记忆都无法抓住。于是,但丁用一种既遐思又气馁的笔调继续写道:"此处,我的羽毛笔跳动,我无法继续写下去。"(*Pero salta la penna e non lo scrivo*)羽毛笔的跳动既表达出诗歌的洒脱,又是承认无力描述一个超出自身能力的事件。

但丁说,面对如此的细腻,无论我们的词语还是我们的想象力都不足以描绘它的丰富性。所以,不如"跳跃"。笔端或想象力的如此这般"跳跃"成就了《神曲》。跟随着但丁,我们得窥"崇高"的境界。于他而言,想象力是一个女王,追求着自身无法企及的加冕。在此意义上,诗歌可以比拟为一种被延后的王权,带着完全的谦卑追寻无上的光荣。诗人在皇帝与教皇的对峙中选择国王、皇帝的阵营,不难理解。

个体的上升

一位个体探索基督教的宇宙志。他是第一个下到地狱、横穿地球并从炼狱中走出的人,随后毫无限制地上升至天堂。

这种壮举既是身体的又是精神的。诚然，这位个体不乏显赫的先行者，其中最著名的就是耶稣基督。耶稣下地狱拯救那些值得拯救的灵魂，然后他再上升。但丁的上升更属于尘世，按照自己的节奏一步步地获得神圣的光荣。诗人的爬升中有"升斗小民"的性质。我们在任何时刻都不会忘记，那是一个人为了超越自身的人性而做的努力。"跨人性"的但丁是某类登高"冠军"。除此之外，在他爬过那些让人遭罪的陡峭山坡时，他的贵族行头再无用处。但丁是一位解甲的骑士，因为——他暗示说——真正的基督徒是一位朝圣者，也就是说，步行者。更何况，在十九世纪初，德国或英国的浪漫派对徒步的重新发现是在《神曲》中找到了最佳的"步行指南"。

第八次也是最后一次十字军东征发生在 1270 年。彻底失败。圣路易刚刚在突尼斯登陆，就身染霍乱而死。从此之后，西欧再也无法走得更远，仅在由狮心王理查建立、1570 年前都由威尼斯控制的塞浦路斯王国维持其影响。成书于 15 世纪初的《神曲》，两次抨击十字军东征。一方面，最后一次获得成功的东征是第六次，即腓特烈二世领导的那次，基督教与伊斯兰教达成和平协议。这对但丁来说是唯一可以接受的榜样。其次，真正的不信教者从此存在于基督教内部，在站队教皇一边的佛罗伦萨之内。通过彻底的反转，十字军东征转变了性质和目的。目标是基督教教会的腐败。基督教的所有修会，哪怕是多明我会或方济各会，都不能免于批评，正如在《天堂》末尾数篇中，圣托马斯和圣文德所承认的那样。

当然，徒步者但丁并非像他宣称的那样勇敢到不要向导的程度。他尚不具有现代旅行者的自负，像兰波或者阿尔托那样大胆投入旅行。对他而言，诗歌并非追寻异见新声或投身未知之境，就像波德莱尔衷心呼唤的那样。《神曲》是进行想象的努力，这就是说将通过理性获得的当代神学知识转化成画面。不止一次，诗人的想象力出现匮乏。但是他产生的画面之独特以及它们井井有条的排序本身就构成一种知识，足以比肩、如非超越它们被用于阐明的那些神学知识。这种画面和理性之间的竞争赋予《神曲》以力量。在这条道路上，但丁比荷马，甚至比维吉尔都更大胆。

个体相对于宗教体制的解放使想象力打破桎梏。但丁是第一位自由阐释基督教的诗人。他像职业神学家那样，如果论述圣母无染原罪或者圣母地位，必须事先把文章提交给罗马。但丁比三百年后的笛卡尔要自由得多，后者为了完成关于"主体"的大胆革命，将不得不向荷兰的加尔文派寻求保护。诗人但丁更像一位学生，一位大学生，我们在法国几乎忘了，他比我们的维庸还早一百多年。维庸代表着固定化的大学生习俗——令人感动，却是固定化的。维庸，这是从永远的鲍里斯·维昂的侧面看到的索邦大学。但丁超过他们所有人。他永远不会是那个为"疯狂的青春"而懊悔的坏学生,而是那个用功且快乐的学生,他的救赎优先地通过知识实现。这就是说,但丁无论在任何季节都将永远是一个完美的矛盾,尤其在天然具有惰性的诗人家族里。

在发表于 1929 年的《但丁,尘世的诗人》(后收录入《论但丁》)中,埃里希·奥尔巴赫早已指出,但丁多么激进地阐释了道成肉身的教义。对奥尔巴赫而言,基督教已经与强调超脱——斯多葛派所强调的角色和非人格性的概念——的古代哲学体系进行决裂:"与斯多葛派的不动心 [ataraxie]相比,就其意识到无可避免的易犯罪性而言,基督教的谦卑要更加有力和具体,并因此而促使具体的个体成为唯一的、无可避免的条件。"《神曲》是名副其实的个体性赞歌。随处可见的真实存在以及直接或间接的具名指涉,诗歌围绕着一个人物和名字的漩涡打转,每个新版本都引出学问高深的大量注释,使我们陷入这位佛罗伦萨诗人同时代的世界。在巴尔扎克——《人间喜剧》发源于《神曲》——之前,从未有一个作家如此摊开户籍簿。

诚然,但丁依赖圣托马斯的神学。他像一个好学生,承认这一点。他甚至诚实到让他资料来源的作者出现在他的书里。个体性和个体差异既是尘世城邦的基础,又是天国城邦的基础,这是《天堂》第八篇里,他的安茹朋友——同时也是他政治上的对手——夏尔·马特尔①告诉他的话。"他问:假如人不是公民,他在世上的境遇是否会更糟? 我回答说:是的"（*Or di : sarebbe il peggio per l'omo in terra , se non fosse cive? -Si , rispuos'io*）。公民的冲突与个体性的狂热密不可分。

自由的波动

假如对福音书的阐释变成近乎个体化的行为,这岂不是接近新教宗教改革的立场吗? 当然,两者之间还有一定差距。但丁的提出质疑的自由,他的"自由反省",并不忤逆官方的教义。他的批评针对的是教会的政治行为,并不僭越神学准则。一些向导虎视眈眈地跟在这个爱旅行的学生身后,防止他偏离正道。诗歌开头讲的,正是修正旅行路线的问题。迷路后,"罪人"眼前出现一片幽暗的、野兽出没的森林,他接下来要走很长一段路程才能重见光明。最初的偏离,这个方向的"错误"具有双重含义。我们可以将它理解为诗人检验他遇到的理论这种自由。假如说基督徒但丁的任务是确保自己获得救赎并返回到上帝选民的行列,那么"专职想象"的但丁则要充

---

① 夏尔·马特尔(Charles Martel, 1271—1295),那不勒斯国王查理二世的长子,属于安茹家族,与但丁交好。王维克译本中译作"查理·马德罗"。

分利用这种"罪人"身份。这其中,他获得的是自由提问所不可或缺的那种余地。

这是否在说,他在道德理性与思想自由之间存在冲突呢?是的,确信无疑,但是接下来要补充说明,这种冲突就是一种开放的本质条件。但丁是在基督教封闭系统里引入一种批评性开放的第一个人。由此,他是第一个现代精神。在他那里,诗歌旅行到哲学的一边,与哲学展开有关谦卑或者直觉的深入对话。诗人宣示他有权自由地阐释神示的话语,而神学家——受到体制的限制——则试图使之适应论述的逻辑。在师傅和徒弟的分野中,我们完全不要被角色的分配所欺骗。如果说徒弟屈服于师傅的话,他也在摆脱控制。贝雅特丽齐轻松地调侃过但丁的"愚蠢",并且减轻其分量以便这位徒弟能够上升;然而,这"愚蠢"只不过是知识为了更好展开而作的伪装而已。但丁戴着一个面具,我们可以称之为伊拉斯谟式的面具。疯狂在《愚人颂》中所占的地位,就是无知在《神曲》中的位置。

如何调和两种自由——诗人的自由和基督徒的自由?如何摆放王国的想象和一切罪人所期待的救赎义务?但丁未必能彻底消除冲突。他根据圣托马斯的思想说,个体之间的差异是上帝的祝福。从人类搞错用法那一刻起,错误就出现了。这就是说,当他们不能正确利用他们的个体性的时候。经常,出生赋予他们一种天性,也就是一种他们会运用自由去阻挠的命运。查理·马德罗在第八篇里讲给但丁的就是这个道理。这个人想做教皇却天生适合舞刀弄枪，那个人恰恰相反。这个例子明显是为了强化诗人的观点，那就是教会中人做错了职业。对于上帝在尘世的代理人们所犯的出于天性的罪行，这种提前出现的"政教分离论"（laïcisme）毫不宽容。"你们迫使一个生来适合佩剑的人去从事宗教，让一个适合布道的人去做国王；因此你们的脚步才会偏离道路"（ *Ma voi torcete a la religionel tal che fia nato a cignersi la spadal e fate re di tal ch'é da sermone ；/ onde la traccia vostra è fuor la strada* ）。方向性错误，今天的社会可能会实用主义地做出这样的断语！对但丁而言，人类的喜剧肇始于角色错乱。

是自由的，难道必然意味着拥有犯错的自由？在这种情况下，为什么犯错变得如此轻易，然而通向幸福的道路要求一种迂回曲折的上升？难道这就是人之所谓的堕落状态？或者换一种曲折的说法，我们可否假设，诗歌之美——或者更广泛地说，一切的美——只能产生于人类个体化的临近性之中，也因此是堕落或者过失的临近之中？但丁有意地选取一条狭窄的道路。确定一条让"罪人"遵循的正道，这是《神曲》的意义所在。尽管如此，仍然要抛却无益的英雄主义！说到底，罪人的状态依然是"喜剧性"的，而非"悲剧性"的。一股脑地追求英雄主义，这毫无用处。基督徒道路上的障碍重重，以至于要完成入教过程，就要接受一种殉道者或圣徒的悲壮力量。但丁让我们放心，也让他自己宽心：通往光明的上升只能是逐渐的、逐步的。

贝雅特丽齐亲自打消他这方面的疑虑。在《天堂》第四篇中，她区分了两种意志，因此也是两种自由。基督徒的自由，并不仅仅是牺牲。让步不应受到谴责，与命运的妥协并不总是一种耻辱。在许多场合下，暴力不宜蜕变为激化的暴力。这使人困惑。战斗者但丁最终会变得更温顺吗？流放者的思乡病是否已经达到让他自我否定的地步？我们不要搞错了，意志不愿让步就不会让步，用贝雅特丽齐的话说就是："假如他不愿意，他的意志就不会熄灭"（*Ché volonta, se non vuol, non s'ammorza*）。无论任何时候都要如此。这是英雄和殉道者的绝对意志。然而还有另一种意志，可称为相对意志。贝雅特丽齐在这里穷尽意大利语的丰富性："绝对的意志不会同意罪恶；但是如果担心因为拒绝恶而招致更严重的不幸，它才肯低头"（*Voglia assoluta non consente al danno; ma consentenvi in tanto in quanto teme, se si ritrae, cadere in piu affano*）。但丁非常清醒地将她的论证比作真理之河的波浪，仿佛想象力成为理性思维的欢快的共谋者。

女人，知识的媒介

基督徒的自由是在某个纲领的框架内行使的。但丁勾勒出一种既令人筋疲力尽又带来欢乐的完成路线图,一次性完成赫拉克勒斯的十二件任务。基督徒英雄专注于自我,他是一个"逐步进行的学徒",正像我们手牵着孩子鼓励他进步一样。这种做法含有某种谦卑的甚至孩子气的东西。矛盾的是,他是一个静止世界里唯一前进的人,一连串越来越显赫的人守护着他,充当他的向导,鼓励他走向高处。一句话,他是上帝的选民。他的中选只需简单地符合某几个验证步骤,遵循的路线类似纯洁派、"纯洁者"——他们的洗礼或者坚信礼(consolamentum)只当罪人的灵魂最终准备好时才会发生。

但丁,纯洁派?他诗歌中浸透着的光明哲学,来自当时在地中海地区流传的五花八门的新柏拉图哲学或普罗提诺哲学。我们还可以在其中加上吟游诗人具有神秘性的欢乐,这些诗人能在他们的歌(canso)中将"享受"(jouir)和"玩乐"(jouer)结合为"享乐"(joie)。但丁在我们面前完成诗歌愉悦向精神愉悦的转移。诗韵之乐继承自伟大的阿尔诺·达尼埃尔①,六节诗(sestina)的发明者,但丁将其化为三行体(terza rima)这样一种韵脚,伴随旅行的进程。诗歌上升的等级与精神攀升的等级相呼应。坚持数千诗行的距离,这种韵律学的

---

① 阿尔诺·达尼埃尔(Arnaut Daniel),十二世纪法国南部著名的吟游诗人,在中世纪晚期的西欧享有盛名,但丁和彼特拉克对他推崇备至。他是佩里戈尔人,下文说他是普罗旺斯人,似有不确。

壮举以具体的方式构成为接近真理而做的精神与道德努力的基础。一个像长跑选手一样的长距离吟游诗人，这就是但丁所代表的形象。我们因此更难以理解，精妙的雅克·鲁波（Jacques Roubaud）——他在著作《颠倒的花朵》（*La Fleur inverse*，1994）中追问"joi"一词的语义，表现出如此的博学和细腻——如何成功地避而不谈这位伟大的吟游诗人。

但丁具有诗人罕见的一种品质，那就是勇于承认前人的影响。在《炼狱》第二十六篇，他借诗人圭多·圭尼采里之口表达他对阿尔诺·达尼埃尔的赞誉："我们两人中间，他是最优秀的讲方言母语的能手"（*Fu miglior fabbro del parlar materno*）。其他一些现代诗人也记得这句诗。美国人 T. S. 艾略特尽管是一个吝于溢美之词的人，却承认埃兹拉·庞德对他的影响——他的导师，他的"维吉尔"——，用的是和圭尼采里同样的说法。一方面，他表达出对前辈圭尼采里的感激，说他发明出"温柔的新风格"（*dolce stil nuovo*）；通过圭尼采里，他还上对普罗旺斯人阿尔诺·达尼埃尔的欠债；通过后者，他确认自己的吟游诗人传承。虽然，赞美只是应景之辞。圭尼采里和阿尔诺·达尼埃尔都进入炼狱，处于被指控者的尴尬地位。但丁·阿利盖里感到自己受召唤获得更大的荣耀，无情地超越了他们，像一位在天堂坡顶上的冠军一样。

许多现代人对《神曲》感到厌恶，原因或许在于将诗歌和神学并置。一个或许有趣的局势反转在于,今天进行这场对话的诗人或许犯着极大的罪行!从此之后,我们再也不能触及诸神,哪怕我们冒着让他们重新显得神圣的危险,但是会以别的方式。古代的神拥有恶魔的能力,诗歌碰到他们就会消逝。我们不能说出他们的名字,会被指控为不真实。然而,诸神之所以变得如此不受待见,难道不是因为他们占据了魔鬼的位置?如果我们试图理解事情如何到这种地步,就必须通过但丁。雅克琳娜·里塞和菲利普·索莱尔斯都已经指出,二十世纪的读者都会自发地走向《地狱》。但丁的地狱化符合这个时代的诗歌的深沉愿望,那就是自我"罚入地狱",自我"妖魔化"。借用波德莱尔对一位从未攀谈的陌生女子说出的最出色话语,管它地狱还是天堂,只要找到新东西就行。对但丁而言,恰恰相反,人对新事物的渴望会涉及最古老的问题,那就是上帝。一切知识渴望都是上帝的知识渴望和关于上帝的知识渴望。但丁带来的革新是求知欲和爱欲的统一。他将女性置于情人和女学者的位置,通过她获得骑士理想和教士渴望之间的和谐综合。

无须等待所谓的文艺复兴!但丁就是第一位真正的人文主义者。他是不同于彼特拉克、伊拉斯谟或莫尔的人文主义者。这些人都不善于混合性别,所以最后都选择独身。阿维尼翁的劳拉只是对贝雅特丽齐·波提纳里的苍白模仿。她散乱话语中的光芒无法汇聚成微笑。她不言语，不回答，不骂人，不勉励。她保持着斯芬克斯雕像那样的平静，是象征派女性的前辈。但丁则相反，他带着贝雅特丽齐，足以独自完成一次主教评议会的革命，重新阐释女人在基督教体系中的地位。情人贝雅特丽齐能够作为圣母部队的战士居于天堂的高位，这是前所未闻的大胆。在《天堂》结尾的第三十三篇，基督的母亲被说成"你儿子的女儿"，这是极其重要的神学直觉。女性在《神曲》里独占鳌头，无论作为情人的弗兰切斯卡·达·里米尼，性格坚强的女性毕卡尔达·多纳蒂，还是改变基督教面貌的女人贝雅特丽齐·波提纳里。唯有女人对爱有足够的了解（"此光乃智慧之光，充满着爱"），让可怜的男性头脑在脱下论战的铠甲之后，能够触及至高的善。

6

为魔鬼而分裂

黑暗突现

十九世纪奔向但丁的《地狱》，只是为了见鬼。然而这是一个彻底的错误，原因是那里根本就没有魔鬼。这很正常，因为直到十六世纪，我们今天熟知的人形魔鬼都仍未出现。它还不是人，尚未经历个体化的考验。在这方面，耶稣基督在那时比魔鬼先进了许多，当然也从神学家那里收益颇多。只是来到"模仿基督"的学校之后，魔鬼才终获人形。撒旦是作为基督的模仿者出现的，是耶稣的副本，他的黑暗版的复制品。而这要等到相当晚近的文艺复兴时期，魔鬼学教程如雨后春笋一般出现，其中最著名的一本就出自英国国王之手,而且极其讽刺的是,这位国王的名字还和最优秀的《圣经》英译本密不可分。今天所谓"詹姆士一世《圣经》"由国王本人订购,1611 年出版,拥有极其出色的语言质量,可谓亘古常新。直到今天,在英国国教教堂里,周日弥撒上仍然要朗诵这个版本的《圣经》。然而,詹姆士一世还著有一本很严肃的著作《魔鬼学》(*Démonologie*, 1597),比哈姆雷特父亲的幽灵登上伦敦剧院的舞台还早三年。

那本论著的作者在苏格兰度过童年,并且接受的是清教徒的教育。他宣称,魔鬼是存在的。你们在《神曲》里仔细寻找一下,会发现那里没有任何女巫或古典的魔鬼!但丁的地狱里只有现实的人类,他们生前即使贪赃枉法也无需故作人形。他们只是在行使自己宝贵的自由权时选错了方向。他们大部分都曾谋杀或被谋杀。有时因为爱情,如弗兰切斯卡·达·里米尼和保罗·达·马拉泰斯塔这对偷情的恋人,被前者的丈夫,也就是后者的兄弟乔瓦尼发现并杀死,实际上也不过重复了兰斯洛特和桂妮维亚的爱情故事。至于地狱里的神灵,但丁则借自异教世界。我们在那里可以见到地狱犬刻耳柏洛斯或冥王普路托、复仇女神、鸟身女妖哈耳庇埃甚至人身牛头怪物弥诺陶洛斯。在上帝之城之下,具有象征意义的是,那里有一些清真寺,然而任何时候都没有"魔鬼"。除非在翻译本中,因为译者非常愿意让魔鬼现身。雅克琳娜·里塞让

138

但丁在第八篇中说:"我看到门上方有八千多个魔鬼,从天而降",然而意大利原文只是指明了数字"我看见城门前面,立满了成千的精灵,这是和雨一般从天落下来的[①](*Io vidi piu di mille in su le porte, da ciel piovuti*),我们该作何感想? 这从天而降的暴雨神奇之处在于它可以转化为"天使"或"魔鬼",随法国人或英国人而不同。多萝西·塞耶斯干脆把第二十一篇中的"马拉科达"(Malacoda)称作"别西卜"(Belzébuth),仿佛那是在约翰·弥尔顿的作品里。尽管面临各种诱惑,在恶及其化身的问题上,但丁的文本毫不含糊。歧路迷离,源于对人类自由的滥用。《地狱》里的那些残忍或离奇的怪物只是此类谬误的活泼的象征,而且完全不听命于一位强力魁首,无论他的名字是上帝抑或撒旦。

《神曲》这本书向基督徒提出救赎的建议,促使他们个人介入。它呼吁基督徒,只有完成一段历程、经过险峻而艰辛的路途才能通向上帝之城,这在本质上洋溢着乐观的精神。不要忘记,那是一部"喜剧",因此任何黑暗在那个极其合理的世界里都是暂时的。但丁的那盏灯,比贝雅特丽齐在炼狱里提的那盏更明亮,没有留下任何不被照亮的死角。对但丁而

---

① 此处采用的是王维克的译法(但丁,《神曲》,人民文学出版社,1997年,第34页),这种译法明显更加忠实。王维克此处给出注释,可作参考:"此辈反叛的天使,是和撒旦一起从天上摔下来的,见《启示录》第十二章。"

言,人类生活就是一种朝着更多知识和光明的愉悦的上升。后世欧洲文化对他的误解大概也源于此。因为他信任人类的自由,而且不对恶的问题感到忧虑,因为他不够重视蜷缩在潜意识深处的抵抗,因为他假设人、知识和神灵之间逐渐和解的可能性,但丁不能回应一个人文主义个体直面自身意识时的那种惶惑。尽管有时会情绪高涨,但丁却极少犹豫不决。作为一个凭着直觉就知道目标指向的人,他无论上山还是入海都带着同样的坚定。诚然,他在前行中总要与官方教会保持距离。诚然,他自由地行走在神学的纷乱复杂的道路上,他那诗人的纯真和谦卑难免令世俗难堪,而他对约定与契约的计划莫不是事先制定的。他践行和实现这计划,让无限的大门在旅行的两端敞开。对墨守成规的神学而言,但丁构成自由的呼吸。

在这种契约里,人文主义哲学将带来一种彻底的断裂。在此之后,个体必须将命运抓在自己的手中,既无向导也无围墙,要建立自己的律法以对抗宗教的法庭。在世俗化的过程中,他唯一能容忍的组织形式就是国家的中立性。偶有情绪的波动荡起他感情的表面,而无法搅动他生命的深处。今天我们知道,当宗教改革成为这种抗议——个体相对宗教体制的解放——的天然载体,新教将会大获全胜,不仅作为宗教,尤其作为波及整个西方社会的、稀释的世俗化形式。在其对立面的罗马天主教仍然作为官方宗教继续存在，然而面对一个以抗议为动力的社会，它具有一种保存性的力量。然而这种自由的代价就是，一种可怕的罪恶感持续存在。假如我们脱离基督的队伍，难道就要堕入撒旦的深渊？

俯　瞰

朝圣者但丁的旅行目的，是获得更多知识和更多光明。一切知识都归结为人类眼睛能够接收的光线的数量。凡人若想进入神圣光明，就要有一些媒介，一些老师，一些像贝雅特丽齐或圣贝纳德那样让光线变得柔和的人。因为上帝——知识的巅峰——就存在于极大光明之中。三个世纪后，这种真理的光明观就完全让位于它的反面。知识的新学徒进入黑暗的核心。最著名的一位名叫浮士德，是1587年德国法兰克福出版的一本书的主人公，这本粗鄙的书籍没有标出作者姓名。它的印刷商约翰·施皮斯，在前言中宣称他从一位住在施派尔的朋友那里拿到书稿，他认为没有必要交代书的作者。我们可以轻易地理解两种行为之间的差距。一方面，作者自视为他书中的主人公，个人的救赎实在重要，不能委托他人。这分明就是但丁。另一方面，作者选择匿名，以确保在世间的安危。这是《浮士德故事》的作者的选择。灵魂警察，被称为宗教裁判所,让人人自危。

这样,真理就变成不确定之事。人们很长时间都提出这样的疑问:《浮士德故事》蹩脚的结构是出于一种有意的选择还是由于技巧不够？结果反正一样。我们几乎无法确定,这本书是出自一位天主教徒之手以揭露宗教改革的危险,还是相反。这位博士擅长的各种魔法让主教、贵族和乡下人同样感到震惊。查理五世要求浮士德为他显出亚历山大大帝的形象,魔法师立即满足皇帝的要求。最可信的结论是,科学能征服一切权力,无论政治权力还是精神权力。知识的热情表现出的形式是一种幼稚的、接地气的好奇心。浮士德请求墨菲斯托菲利斯让他看到天堂。他的愿望得到满足,也就是说天堂并不像在但丁那里一样是一个抽象的空间,而是一个明确的地理上的地方。书中戏谑地写道,如果浮士德要去星星旅行,那也会发生在"周二和周二之间"。天上变成"在上边",从那里可以像气象卫星或者探空气球一样观察地球。浮士德注意到,地球上存在许多不同的气候。一种科学知识的苗头正在形成,那本书的作者像万宝书那样去普及这种知识。但是普及知识并非那本书的宗旨。《浮士德故事》只在涉及人间时才会滑稽,而不会涉及神灵,这一点跟但丁相同。我们惊奇地看到,《神曲》问世三百年后,轻松的精神已经被沉重所代替。

神圣变成了悲剧。在神学的指导下，人再也无法触及神性。浮士德为认识宇宙而求助于上帝的敌人。他为什么做出这样的选择？原因并不了然，我们只知道浮士德的精神是喜欢逾矩，也就是说一种应受谴责的精神，并且事实上也受到了谴责。也有人把这本书视作保守主义的一种辩解，其实有必要进一步讨论。自从在这本书里面世之后，浮士德就代表着活动性和偏移的现代形象。这是一位比达·芬奇更早的达·芬奇，他的技术想象使他能够轻易地飞上天去。更深刻的是，他通过那个时代的魔鬼学术语对恶的精神提出质疑。通过一种答问的辩证方法，在我们面前诞生的是一种真正的反神学，以居住在黑暗魔域的魔鬼为老师，其代价是悲剧性的契约，要求当事人付出他的血和生命。《浮士德故事》中，与魔鬼签订的契约是由一种时间限定的痛苦的快乐造成。二十四年的期限以一个意味深长的场面而结束：浮士德的身体以最为物质性的方式炸裂。

人们感到这种物质的重量正在来临。浮士德的身体最终炸裂，卧室洒满鲜血和碎骨，其作用不仅是通过壮观的场面来使得粗俗的头脑感到震撼。《浮士德故事》诚然是一部将悲剧和喜剧混合一处的杂交作品，给人一种奇特的异质感；但是这本书谈及的尤其是物质，以及物质对知识的抵抗。口腹之欲、饕餮之贪无异于吞食大堆的稻草。求知欲的性质到底是什么？比起精神性，它在本质上难道不是具有同样多甚至更多的物质性吗？在《浮士德故事》中，身体完全遵循重力法则。正如两位弗拉芒人耶罗尼米斯·博斯和小勃鲁盖尔的绘画一样，但丁喜欢的同时代画家乔托的绘画精神，越来越被充满欲望的身体、身体机器所取代。此后，人们不再将双眼朝向天空，人生的四季将收割者摁在麦田里，或者绊住雪夜归来的猎人的脚步。群山挡住天际的视野，天空一片空寂。走向光明与天堂的但丁被伊卡洛斯①所取代，后者在太阳下融化的翅膀背叛了他，将他投入大海的深渊。人类的努力激起最大的讽刺，而最糟糕的是遭遇冷漠。个体再也不能在神圣的光中认出自己，正如《神曲》中遭到行路者质问的佛罗伦萨人一样。将浮士德和他的地狱向导维系起来的联系不能与维吉尔给诗人的无偿帮助相提并论。从此之后，无论到哪里都是短时间的利益协议。金钱和借贷入侵世间的关系。因此，我们看到，为了从一位犹太高利贷者手里借钱，魔术师浮士德不惜假装要锯掉自己的腿，后来他将那位被"腐肉"占据的高利贷者骗进河里，才最终解脱。莎士比亚后来进一步挖掘出"一磅肉"的故事。

---

① 伊卡洛斯，希腊神话人物，雅典建筑师代达罗斯的儿子，为逃出迷宫而穿上父亲为他用蜡制作的翅膀，但因太靠近太阳翅膀熔化，他坠入大海而亡。

浮士德,科学博士

在德国出版后不久,《浮士德故事》就被译成英语。随着印刷术的传播,文学扩展的速度得以加速。五年之后,一位年轻的剧作者拿到这个译本,写出了一部杰作。他的名字是克里斯托弗·马洛。他是莎士比亚的同时代人,但他的作品完全是一种与时间的赛跑。浮士德通过与墨菲斯托菲利斯的契约而获得的二十四年,马洛却没能走到底,因为他只有三十岁的寿命。对于《浮士德博士》是否为马洛的最后一部作品,迄今仍然存在争议。书中表现出的深度和成熟让我们倾向于认为答案是肯定的。事实上,这并非问题所在。我们想说的是,《浮士德博士》是唯一真正属于文艺复兴时期的悲剧。因为文艺复兴事实上以一场悲剧而告终,文艺复兴就是一次悲剧性的失败。尽管吸收了希腊和罗马的古代智慧,人文主义者们将宗教人文化的努力却彻底失败。在此意义上,改革派天主教徒伊拉斯谟的失败最具有典型性。这位鲁汶三语学院的创建者将会为查理五世皇帝服务,担任使者和谈判者,目的是让天主教中渗透进哪怕最低限度的新教改革力量。他的朋友托马斯·莫尔试图纠正英王亨利八世的新教偏移却以失败告终,伊拉斯谟的建议不见效果。宗教改革见识一种断裂。人文主义的政治失败将表

145

现为纠缠欧洲长达一个世纪的连年战争。

马洛的剧本本身就是分裂的。这位曾在家乡坎特伯雷和伦敦求学的年轻学者大概比莎士比亚拥有更多的哲学"知识",但是戏剧天分却有所不逮。当他试图将喜剧和悲剧成分结合起来时,总显得有些生硬。然而,这生硬来自社会内部更为深刻的分裂。正如诗人约翰·多恩一样,马洛给人的印象是他行走在一座深渊上边,完全无法靠近其边缘。然而,多恩凭借他那结合大胆与深奥的惊人的思想体操,能够做到这一点。后世把他的诗歌称为"玄学诗",指的无疑就是他某些著名诗篇中的晦涩。马洛被戏剧的无情辩证法束缚着,无法像多恩那样洒脱。在舞台上,矛盾无法像在诗歌里那样通过一个隐喻来解决。所有思想都要暴露在动作和话语的光天化日下。这就是为什么,悲喜片段的交替构成一种平衡的游戏,而且应由浮士德博士的各种功能进行解释。魔术师浮士德能够变出许多戏法、制造出幻觉。他也的确那么做,这也使他的英雄壮举比在德国的《浮士德故事》中具有更多的意义。因此,浮士德交替地来到皇帝和教皇身边,并且先后愚弄他们。不过受愚弄的尤其是教皇,并用狡诈的手段使一个名叫布鲁诺的人获得释放。我们不清楚那是否暗示八年后丧命于宗教裁判所火堆的那位焦尔达诺·布鲁诺。

马洛是新教徒?从他让他的人物嘲弄罗马的红衣主教

和主教们来看,这一点似乎可信。但是这种嘲弄仍然局限于剧中的喜剧片段之内。马洛选择用喜剧来处理政治问题。在这一点上,他也有别于莎士比亚。欧洲陷入的皇帝和教皇之间的严重冲突,他对于如此严肃的事情,却仅仅通过喜剧影射进行粗俗的处理。一旦触及个人信仰问题,宗教就变成一个严肃得多的问题。在《浮士德博士》中,新教的革命已经切实地发生过了。最绝妙的喜剧空间变成人物的内心。人必须进行孤独的选择。人是撕裂的。两个教会之间的割裂会触动每个稍微清醒的人。但是当有人说选择是可能的,这是否可信呢? 在像伊拉斯谟这样的温和改革派和路德这样的激进改革派之间的争论中,核心文本之一涉及"自由意志"(libre arbitre)的问题。在这篇出版于 1525 年的文章里,路德完全与荷兰的希腊研究者针锋相对。假如上帝是万能的,他必然能够预见并宽宥人类的命运。因此,人在此处就不存在"自由意志"。因为,"假如我们相信撒旦是这个世界的君主,而且他能够总是囚禁他所竭力反对的基督王国,如非上帝力量的介入,他就永远不释放囚徒,那么就再次表明并不存在自由意志"。

说到底,撒旦是否由新教发明呢? 路德不断提及撒旦,加尔文也不遑多让。人们搞不清楚,在生活中,魔鬼是一种实际的存在还是一种"妖魔化"的结果。因为弗朗索瓦一世为约翰·加尔文的《基督教原理》作序,加尔文写信给法国国王,每当要驳斥罗马对新教理论的抨击，他都会以非常有说服力的方式让魔鬼显身："因为这些罪恶都极不公正地被推诿到我们的教义上，而那本来应当归罪于撒旦的诡计。上帝话语的本质差不多在于，除非撒旦苏醒过来、不再遮掩，否则它永远不会走到前排。"这里清楚表明，在两个教会的分裂中，撒旦的身体正在成形、显性。大分裂带给世间的，正是产生于这个幽暗之中的畸形恶魔。甚至就其名字的词源而言，撒旦就是一个大分裂者，一个冲突之神。路德确认撒旦在日常生活中的存在，甚至在《桌边谈话录》中讲述这样一个故事：他独自在瓦尔特堡的卧室中时，他与魔鬼展开搏斗，并将墨水瓶扔到魔鬼的脸上。这个场景可以写进《浮士德博士》。

地狱无处不在

何谓无神论者？我可能这样回答：一个完美的新教徒，或者一个摆脱了体制化教会的义务、亲自抗议上帝的个体。抗议上帝强加给人的契约条款。这就是在马洛之后，诗人约翰·弥尔顿，尤其威廉·布莱克——无疑是所有诗人中最激进的那位——前进的道路。大胆开启这条道路的功劳应算在马洛头上。他死后一年，在塞尔纳亚巴斯组织的调查委员会指控他为无神论者，即不信教者，尽管这种指控非常可疑，因为它让杀他的凶手们得以脱罪。然而,在整个过程中,《浮士德博士》的赌注是明显的。在一个让撒旦获得日常普遍存在的新教和一个基督完全无法解除与魔鬼的诺言的天主教之间,如何选择? 在戏剧经济学方面,马洛表现惊人。戏剧开头第一场景里年轻的神学博士的吹牛饶舌,在接下来的第二场里被魔鬼的律师——即墨菲斯托菲利斯,他的忏悔值得警惕——反驳。是的,妖魔是不幸的,他们被剥夺了面见上帝的机会,也就被剥夺了天国的快乐。魔鬼降临世间在世界上引入一种无限的哀伤,这正好构成攀升的但丁所渴望的无尽欢乐的反面。没有比这能更好地描绘路德派新教所产生的后果,或者预感到它即将滑向严格的清教主义所带来的影响。因为需要有莎士比亚那样一个乡下资产者的彻底乐观的无忧无虑,才能在嘲讽新教徒当中获得满足。马尔瓦里奥很快就展开报复,那就是关闭伦敦的剧院。无论在政治上还是在宗教上,滑稽都杀不了人。马洛看得更远更准确。在他看来,魔鬼是一切纷争的症结,是最大的新教徒。需要等很长时间,事实上要等到革命浪漫主义到来,才能见到终于有一种欢快与抗议联系起来。否定将成为对日后肯定的确认。这真是黑格尔辩证法和随后的马克思主义辩证法的魔力和魔术!

那个时刻,马洛站在分裂的边缘上,因为可以自由选择而不知所措。第二场中,当浮士德呼唤基督时:"啊,基督救世主,/快来拯救浮士德绝望的灵魂吧。"马上就有路西法本人出现,他扮演的是那些反神学的博士们。魔鬼向他证明,基督不会来拯救他的灵魂,因为基督负责正义。正像他自己,路西法,非常关注正义。因此,他和他的仆人才努力安抚浮士德反抗的激情,向他提出七宗罪的挑战——这是滑稽模仿但丁为净化这些罪行所进行的炼狱旅行。在马洛那里,分心和推延是地狱在人间"魔鬼般的"的主要武器。我们在这个炫技的场景以及接下来的几个片段中,都可以感到对戏剧幻觉的一种隐含的甚至下意识的批评。我们甚至可以察觉到清教徒理论的一丝影响,尽管是微小的影响。我们可以说那正是时代的主题,威廉·莎士比亚在《暴风雨》这部美妙的、魔术般的剧本里直接处理这一主题,并在许多点上呼应马洛的《浮士德博士》。但是,在莎士比亚让戏剧进入生活的幕后之处,马洛却更赤裸,更充满警觉,划分出戏剧幻觉和个体灵魂的命运之间的分野。他的无神论包含痛苦的成分。尽管最后的对话令人感动,剧本里毕竟有罚入地狱的情节。如果没有圣宠,人在他生活的每一秒钟都将面临恶魔的危险。最后时刻的努力,临终的忏悔,也无法使他获得解救。在救赎方面,基督显得没有如此的灵活。再也没有中介者贝雅特丽齐切入的空间,而后者只是圣母派出的介入力量的代表,虽然圣母本人也在为自己的儿子付出"努力"。女性被驱逐出新教的神学。直到晚近的浪漫主义时代,女性才以被选中的姐妹的形式重新回来。在宗教改革的时代,她不得不退回到古代和异教神祇的地位上,这些神祇为佛罗伦萨的人文主义者,比如画家波提切利所喜爱。她是海伦,她是维纳斯。新教是个体的事情,在那个时代在本质上是男人的事情。

无论天堂还是地狱,在圣托马斯神学中的那种世人能够继续做修正工作的中间地带完全消失了。两个宗教的直接对峙变得粗暴起来。就像两军对垒那样粗暴——基督军和撒旦军。克里斯托弗·马洛用荒诞表现出基督教的大分裂。就像当时有人怀疑的那样,马洛是天主教徒吗?或许是吧,有人带着嘲讽回答道,作为默认选项的天主教徒。因为在新出现的新教中,人没有圣宠就无法得到救赎。然而浮士德——马洛的别名——勇敢地、不屈不挠地做出不被救赎的选择。那是因为他蔑视救赎的条件——传统而言是罗马教会设定的——吗?还是因为他仿佛在证明一个没有圣宠的生命所遭受的极度痛苦,像新教所建议的那样?每个人都会在自己的灵魂和意识里做出决定。在我们看来,马洛的示范表明两个教会进入了悲剧性的死胡同。悲剧的作者清醒地认识到争论的尖锐和双方冲突之所在。马洛最早说,人生是一场悲剧。符号的绝对反转,但丁式的乐观精神突遭贬值。人文主义不应为这种状况担负全部的责任。简单说来,人文主义是一种无力的哲学。很久以后,一位出自新教家庭的哲学家将会认识到这一点。"存在主义是一种人文主义"，让-保罗·萨特曾经鲁莽地抛出这句话，随后又对这个过分乐观的论断进行修正。伊丽莎白一世时代的马洛最早说出：地狱无处不在。或者像魔鬼在他的剧本里所说的那样："地狱是没有界限的，不被限定到某一地点。我们在哪里，哪里就是地狱，哪里是地狱，我们就应当在哪里。"

返回罗马？

"意大利和英国诗人们的撒旦或许更具有诗性，但德国的撒旦更具有魔性；从这种意义说，撒旦是一种德国的发明。"像通常的情形一样，弗里德里希·施莱格尔的直觉深刻得令人困扰。他简短的第 379 条"断片"浓缩了多部大部头著作的内容。可惜的是，这些著作似乎从未被写出。耶拿批评家们观察的迅疾让一辆辆沉重的文学史小推车猝不及防，以至于这些思考的内容一直在等待着阐释者。无论德国撒旦是否更具有"魔性"，我们明白施莱格尔想说什么。是否更应该说它更是原始性的撒旦？就其现代形态而言，撒旦毫无疑问出生在德国。他获得了浮士德博士的面孔，篡夺他的身份。撒旦是一个伟大的身份篡夺者，这让他成为小说人物的"模型"。从匿名的卡斯帕尔·豪泽尔到难以确认的 K 先生，全都是偷名字者的远近表兄弟。最令人吃惊的情况是弗朗肯斯坦。从玛丽·雪莱的想象中出来的"具有魔性"的恶魔,篡夺了他的创造者的名字,即日内瓦医生维克多·弗朗肯斯坦,这个名字的合法拥有者。后者被他的创造物突然攫住并吞噬。篡夺由此开始。无论小说的读者还是无数版本的电影改编都让这个名字与恶魔联系在一起。大概这个没有名的姓让他们觉得最契合一个直接来自地狱的怪物的杂交属性。

撒旦是德国的,如同最早的新教是德国的。它是分裂的幽灵和象征,是政治性大于文学性的形象。在哪种意义上,它的创造伤害到了德国自己,我们可以提出这一问题。文学典型对于历史人物行为的影响是一个很少被研究的主题。在我们的潜意识里,为什么人们不会认同一个如此著名的被天主弃绝之人?假如说文学是各个民族的精神分析,那么它就值得我们建造一个足够长的长沙发。有人抗议说,弗朗肯斯坦是英国人。的确,我们甚至可以在他身上辨识出原始的盎格鲁-萨克逊恶魔,被贝奥武夫打败的格伦戴尔。此外,根据同样这个篡夺名字的规律,在这个故事里恶魔也会夺取战胜自己之人的名字。事实上,弗里德里希·施莱格尔想表达的是,与英国或者意大利相当粗糙的撒旦相比,德国撒旦很快就取得更细腻、更抽象的形式。这就是为什么,他提醒读者注意"身体巨大的撒旦",也就是说过去或将来的一切弗朗肯斯坦。撒旦崇拜很喜欢甚至更喜欢微型的形状:"基督教神话中为何没有小撒旦(satanisci)？因为那里没有相应的词语和画像来表现微型的恶魔，它们装出无辜的样子。"我们可以冒着过分概括的风险提出，德国的工作就是不间断地思考撒旦。换句话说，思考分裂和重新统一。我们的确可以发现，近两个世纪以来，德国史的要素就是这两个对立概念及其博弈。或者说，如何超越原始的断裂？如何修复路德新教带来的裂缝？我们有时会问，这难道是德国文学和哲学思想所追求的活跃"知识"的唯一形式吗？仍然是施莱格尔，第379条"断片"："这[撒旦]肯定是德国诗人和哲学家的最爱。"

浮士德的故事在英国以千百种、一个比一个可怕的形式被嫁接和重新嫁接，而在德国的浪漫主义时代却几乎原样不变。歌德让这个故事成为他一生中主要的、持续的主题。在他这里，浮士德的故事变得"浪漫主义化"。诚然，歌德被视为一位古典主义者，但是我们知道，德国的独特之处是将浪漫主义置于它最伟大的古典主义的庇护之下。如同一位内科医生或外科医生——由于他的朋友席勒的关系，他对医学并不陌生——，歌德让浮士德、浮士德所经历的撒旦主义接受他自己生命的考验。歌德给他输入无限之血，试图治愈他，用他知道的各种迂回道路去救赎他。治疗包含两个重大步骤。首先，引入一位中介女性。浮士德的贝雅特丽齐名叫玛格丽特。遭到浮士德的诱惑和抛弃，成为杀婴的凶手，最终陷入疯狂，她抗拒尘世的"魔鬼般的"自由,最终获得天堂的救赎。与马洛相反,歌德指出,人类造物可以在最后一秒钟被救赎。第二步,浮士德本人的救赎。救赎发生在一个漫长过程的结尾,那是通过古代的哲学知识完成的,歌德似乎要继续但丁——邀请异教徒维吉尔作为第一个向导——所开启的道路。如何调和古代世界和基督教世界?唯有诸圣徒的加持方能做到,而歌德无疑在博取他自己的"诸圣徒加持"。

这是悄悄返回罗马吗?假如我们将其放入歌德全部作品的编年中并把那种战斗放入欧洲历史的视野中加以考察,我们会发现魏玛公民领导的战斗是堪为典范的。从魏玛到浮士德,歌德似乎有意识地要缝合伤口,被新教撕开的伤口。少年维特在自杀中才能找到他在世上无法找到的平静,歌德在为这种死亡进行辩护之后,开始一种真正的重新教育。一开始,歌德也陷入厌倦,一种生存的恶心。他求诸魔鬼标志着一种以哲学的方式对虚无幻境的抗拒。没有什么比浮士德向魔鬼抛出的这句话更掷地有声:"你不能消灭全体,只能在细节上补救。"这一次,我们知道撒旦将会成为输掉的一方。

否定性的遗产

假如有人问我们,什么是德国哲学的特征,什么使它在将近两百年的时间里如此吸引世人,我们的回答将是:它对否定性的概念化工作。在此意义上,它曾经是、现在依然是一种危险的思想。德国哲学具有诱惑力的这一侧面似乎从未被人重视。德国哲学诱惑欧洲思想,仿佛它的诱惑来自超级诱惑者自身。它身上的"撒旦性"符合否定精神的深刻化。在歌德的戏剧中,浮士德在初次见到墨菲斯托菲利斯时问他是谁,后者回答:"我是永远否定的精神。"接下来两个人物进行非常急促的对话,表明歌德熟悉他所处时代的哲学思想的发展。《浮士德》的第一部发表于1808年,比哲学家谢林的《对人类自由本质的研究》早一年,而谢林能够获得耶拿大学的教职,在很大程度上是因为歌德。浮士德具有谢林式的直觉:"现在我知道了你高尚的职责;你不能消灭全体,只能在细节上补救",而墨菲斯托菲利斯也是谢林的细心读者,他接下来对浮士德忏悔道:"对于这个同虚无相对的东西,这个某物,这个物质的世界,无论我怎么动手,我仍然无法把它毁掉。"我们可以认为,浮士德——歌德的别名——正在评论施莱格尔关于"微型的恶魔"的第379条"断片"。

在施莱格尔兄弟和谢林之间,存在紧密的联系,直至爱情的亲和力与诱惑。加洛林——奥古斯特·威廉·施莱格尔的妻子——爱上哲学家,哲学家也报以热情,而一切都在歌德的大家长般的目光下发生。恋爱的魔鬼能够分裂"浪漫主义汉萨同盟"——这是格扎维埃·蒂利埃特神父的说法,他对谢林深有研究——吗? 尚未到让整个团体崩裂的程度。我们可以想象到的是,爱情帮助谢林深化他对关于自由的限制的考察,但更让谢林提出欧洲思想中关于恶的最为深刻的思考之一。在长约八十页的论著中,谢林抨击古典哲学的观念,将恶看作最多是一种不完美,最差就是一种剥夺。苏格拉底说,没有人真正愿意作恶。人类有一些可减轻罪行的处境,是可改良的。在笛卡尔那里,撒旦变成一种身形矮小的小恶魔,曾经有助于让人质疑现实世界的存在,然后还容易打发走。这位戏剧幻觉的大师甚至不再有《暴风雨》中的空气精灵那样的诗歌幻想。笛卡尔是注重形式的:"我"的思想是现实的保证,我成为空间和时间的主人,并且作为荷兰工程师,我能够对世界进行技术征服。但是,谢林问道,如何解释人的创造者竟然创造出恶? 或者,换成威廉·布莱克的无疑孩子气的提问:创造老虎和绵羊的真的是同一个"铁匠"吗? 这是以哪种可怕的对称性的名义进行的? 对于在造物中引入恶的目的是要检验人类的自由这种论断,我们实在难以苟同。多么奇怪的逻辑! 恶的有效性实在太强大太现实,以至于无法用一个神圣行为的无动机性来说明。

谢林指责前辈哲学家们对矛盾的凑合态度,于是他将他们的方法反转过来。他更愿意将矛盾置于创世的根源上。因为恶是现实的,恶是现实的基础。尽管没有提出五十年后精神分析法所用的任何术语,他却为本能的冲动腾出了地方。哲学家平静地说,无需在人类历史中预设"与上帝的一次决裂和一次别离,也就是一个罪恶的结果,由此产生一次无比深重的堕落;因为这个过失本身已经是恶,并不能为它的起源提供任何解释"。恶的起源在上帝自身。上帝给出自然,同时也给出精神,两者构成完全唯一而不可分割的统一体。然而,人类自由的努力就在于意识对自然的征服工作。分离的努力使得人类与上帝区分开来,站到他的对面。人的个体化——道成肉身——就是这一努力的结果。谢林评论说,"假如没有不和,爱就永远不能变为现实性的"。我们不妨揣测,这位耶拿诗人们的亲密朋友在何种程度上努力减小圣宠的神学家们和自由意志的神学家之间长期的裂痕。超越克里斯托弗·马洛的"无神论",即契约与联系的悲剧性的冷酷无情,谢林以一种分离、一种肯定性的原始对立形式来修正否定性。然而这丝毫都不意味着他要将否定性的符号翻转为肯定性的符号。

谢林不知不觉中返回到但丁和中世纪哲学那里,重新确认人类个体化的本质原则。道成肉身是一种思考的结果,个体经由该思考获得自身自由的工具。这种自由将会最终与爱融合起来。非常清楚的是,这里涉及的既非圣宠也非限制,而是只有决定。在人身上,"原则的联系并非必然的,而是自由的……无论他选择什么,那都将是他的行动,但是他不能维持在不做决定之中"。最大的自由并非冷漠，像在笛卡尔那里一样，因为在这里"任何有歧义的东西都不应继续存在"。谢林还作惊人之语，说会超越新教的预定论（prédestination）的概念，因为它源于"一个绝对神圣的意旨，这就是说完全没有根据，凭着它一些人被预定罚入地狱，另一些人预定享福乐，然而由此他们就取消了自由的根源"。

人可以永远处于开放之中吗？

一个奇怪的悖论是，这样的思想居然使用隐喻。因此谢林总能吸引诗人。他本身就与耶拿小组日常往来，他或许不担心这种接触会有损于他的思想。他对人类自由本质的分析就像黑夜与光明之间的神话般的冲突。"没有这种事先的黑暗性，造物将没有任何现实性；黑暗对他仿佛自然而然。唯有上帝——存在者本人——居于纯粹的光明之中，因为唯有他是通过自身而存在的"。读到这些句子时，我们既是在哲学里，又无比地靠近但丁。谢林暗示说，人必须在这种原始的黑暗背景上工作，才能逐渐接近自由。这种背景在上帝之中，不是与上帝分离的。并非像摩尼教哲学所主张的那样，存在着一种好与坏的对立。如同要迅速摆脱黑影一样，摩尼教有时倚重新教的启发。这一在上帝之中的"背景"的实在性，最好以类比的方式将它视为"在自然中存在于地心引力与光明之间的关系。引力作为永远黑暗的背景先于光明而存在,背景本身并非实存(actu),当光明出现[存在者],它就会逃到黑夜之中"。在这种情况下,如何避免二元论?以活跃的方式,指出人的人性化来自与自然的黑暗背景相分裂,这才让我们能够进入通过光明而发生的反射性。知识是一种背景上的"渴望",一种转化为爱的根本欲望。知识是上帝之爱。

这是但丁在《神曲》里的教诲。然而这并不能告诉我们什么是恶。谢林的思考将他引向神秘主义者雅各布·波墨,他或许能记住小鞋匠①的著名说法:"恶是上帝的愤怒。"恶的确是黑暗背景的造反,推翻与光线的关系,让欲望既完全为我——自我性——所用又超越知识之上。用谢林的话说,疾病的例子给出一个最清晰的说明:"特殊的疾病之所以会出现,是因为只是为了停留在整体之内才没有获得自身自由的事物,渴望自为地存在。当然,疾病在本质上什么都不是,它只是生命的一种拟像,一种流星般的简单表现,一种存在与不存在之间的浮动,然而对于感觉而言却可以成为非常现实的东西;恶就是如此。"矛盾的是,要承认恶之中存在某种"积极

---

① 雅各布·波墨(Jakob Böhme, 1575—1624),具有神秘主义倾向的德国神学哲学家,他的职业是鞋匠。

的东西"，某种在大自然的背景中与自由密不可分的东西。谢林不愿遵循古典哲学的模式、作为在既定的善与恶之间做出的一种选择来思考自由。对他而言，人类要么表达使欲望的黑夜屈服于理智的光明之下的意志，要么相反，通过某种反转的方式，放行"黑暗或自我性的原则，以使它进入内心深处"。这种论述的力量和勇气将恶视作积极原则，作为一种在我们身上起作用的不规则或无序的欲望，应当使之无法实现。就其作为我们自由根基的意义上来说，恶是不断地遭到压抑——因此是仇恨性的？——的地基，我们在其之上构建我们面对上帝的反思性独立。我们的上帝之爱距离转化为强烈的否定性——换句话说虚无主义——仅有一步之遥。

马丁·海德格尔1936年在弗莱堡大学的系列讲课于1971年辑录成书，题为"谢林：1809年论人类自由本质的专论"，其中收录了对这篇非凡文章的评论，但是相比之下，海德格尔的评论却显得非常低调。海德格尔的解读遵循德国哲学传统，讲究条理、层次分明，然而他作为评论人的参与却非常令人失望。尽管他不断在表面上突出自己的谦虚，对于这种其朴实性来自活动性的思想，担心自己增加它的晦涩性，海德格尔强调的还是一些对谢林本非核心的因素。他的解读最明显突出的一点是，将哲学提高到"最高的科学"，是唯一能够为神学提供范畴的："一切信仰的神学只有建立在哲学的背景之上才具有可能性,哪怕在它摈弃哲学、使之为恶魔事业之处。"人们真的并不怀疑谢林非常接近黑格尔。然而这种半遮半掩的优越感,这种"绝对知识",在宣称唯有"科学性目的"之时立即遭到质疑。"并非一切知识都来自认识,更何况并非一切认识都是科学的认识。认识只是方法之一。真理就是在者本身的敞开(l'apérité de l'étant lui-même)。"认识方式在改变着,有多少个要认识的对象,就要预设同样多的"端接"(ajointements)的方式。这些端接的总和就构成系统,尽管它们的数量实际上无法总计出来,因为它们总是处于序列之中。系统是"在者在整体上的端接"。我们看到,现象学的领域在这里展开的方式比在胡塞尔那里要粗糙得多。然而在这个知识与看法互相依存的世界里,哲学家的功能又是什么呢?应该把他们看作界限与开口的守护者——像世俗的圣彼得一样——吗?逐步走向存在的话语,在一种"名字缺失"的无限欲望的指令之下,海德格尔式的哲学家宣称在各处都占据——或许是篡夺——诗人的至高功能。然而,被钉在这个巨大、敞开的框架之内,这扇位于无限诗意的存在之上的门,恶的不祥的吱嘎声越来越多传入他的耳中,就像单一的背景噪音,那是原始混沌的远远的轻微爆裂声。哲学家已经变成帝国的某种公务员诗人,他的耳聋就像他对"此处-人间-现在"的无比冷漠一样,变得日益严重。

7

如何驱魔？

漠视的错误

只有看看现代哲学家如何利用浪漫主义，我们才能认识到我们正在走向浪漫主义的终结。没有人比海德格尔表演得更精彩。耶拿的诗人们选择把悖论当作他们的居所，他们个个都以"机智"的刀片砍削自己的断片——他们身后的尼采将手持铁锤、以更有力的方式谈论哲学——，而施瓦本哲学家①则宣称将会在诗歌之中建筑自己的住处。他将诗作为至高的居所，那所我们所有人都梦想拥有的透明房子，隐藏在黑森林

---

① 指海德格尔，他的出生地梅斯基尔希属于历史上的施瓦本地区。

深处,许多终点不明的小径通向那里和从那里发出。这所朴素而神秘莫测的房子,掌握钥匙的或许就是哲学家。原始语言的工匠或诗人——"幼稚的哲学家"——为我们建造的那座建筑,唯有他能让我们跨过门槛,唯有他能打开进入的大门。哲学的行为仿若在靠近诗歌的地方建立起的日常忙碌,就像在大自然旁边建立起庙宇的替代物一样。

　　阅读海德格尔会引起两种反应:一种是愤怒,另一种是不同意。愤怒来自其方法体系的无比酸腐。他让人不禁想起用脚步丈量田地的农民,盘算着脚下迈出的每一步。更令人反感的是,他这种仔细的语文学不是旨在让我们朝着某种别的东西前进,而是为了打开一种未知的"超越"。他所打开的,除了"开放"别无其他。这恰恰就是海氏"存在"的姿态。那仿佛是一台"机器",其功能就是"存在物"的世界保持在开放状态,各自都指向天际,另一边则部分地连接一片"瓦尔德"(Wald),即一片密不透风的黑暗森林,邪恶或善良的神在森林深处杂然而居。恰于此处,我们有不同意见。海德格尔描绘的、具有强烈的日耳曼特征的风景仿佛是来自童话。那是用一种哲学语言来翻译典型的浪漫主义梦想,即向童年世界的回归。那是舒曼的《童年情景》的具体化。总的说来,他固化浪漫主义的运动性,通过理想化的重构使之凝滞。

"诗意地栖居"(habiter en poète)：这句神奇的箴言，我们曾经无数次听人颂起，然而严格说来，它毫无意义！或者仅仅意味着对某种理想故土的怀念；对喜欢在字里行间梦想的读者而言，诗歌是那片故土的征象。波德莱尔——真正的浪漫主义者——曾经一劳永逸地、毫不妥协地讲到这梦想。海德格尔却像耽于童话的孩子似的，表现出有点滑头、故意撒谎的幼稚。他逊色于谢林，这表现在他"自然化"黑暗与光明的对立的方式上。谢林在这种神圣黑夜的背景之上提出拔除自由的动作，因此也在该动作中提出人类的个体化。与此相反，为了在黑暗的私密性中寻求保护，海德格尔设想后撤和收缩到目光的庇护之下。一边是受到法国大革命精神激情影响的人，另一边则认为森林之黑暗和光明同时并先行地被投射出来，在本质上是保守而土气——基督教农民——的人。因其与诗歌的原始主义的关系，海德格尔的形象是一个滞后的浪漫主义者。他是那种会将诗歌理想化、赋予它神圣地位的人。我们可以想象，关于诺瓦利斯他会写些什么。比如说我们翻开《欧罗巴，或基督教世界》，或者重新读一下他对于那种试图像"革命政府"一样恒久的"新教主义"展开的猛烈批判。词语之中的矛盾，诺瓦利斯会做出如是的判断！或者读一下他对语文学的先知式的抨击，因为语文学的"恶劣影响将从那一时刻起变得明显"，而日后的海德格尔让语文学成为他的哲学追问的固定配方。

海德格尔的哲学对浪漫主义不断地进行吸收,这意味着他对浪漫主义的无穷后果做出反应。首先,对德国浪漫派研究及其诗歌思考的非凡活力,海氏划上了某种休止符。这至少是一种矛盾。其次,通过模仿作用,他发起一种当代诗歌的反动运动。一切言必称"诗意地栖居"者——假设认真读书了——都表现出反动。我们应该回到但丁那里,这位佛罗伦萨的新教徒独自对抗天主教教会。他逐渐通往最高的知识,他沿着"创造"的伟大梯子的危险台阶努力攀升,是一种从黑暗中的拔除,是以理性和自由为名而进行的、先于谢林的谢林式斗争。但丁可能会评论道:诗歌在行走中得证。难道我们需要的是一种高级的"诗意智慧",也就是说一种"种姓的智慧",将日常的忙碌视作非本真而予以歧视和漠视? 我们有时会想,十九世纪日耳曼语文学对印欧语系的迷恋,是否引发出一种更广泛的对于东方及其超然哲学的兴趣。叔本华、尼采和瓦格纳那里都可以感觉到的这种向性,在海德格尔那里也不难发现。事实上,浪漫派虽然存在短暂,却已经踏上这条道路。在耶拿时期尚未结束的时候,弗里德里希·施莱格尔就充分利用他的一个移居印度的兄弟,来构建一种针对印度与梵文的语言学和哲学研究。浮士德的德国是否在心底里感到对行动的厌恶,设想将世界留给黑暗与恶,自己却躲进诗歌的庙宇之中?

"机智"的无时效性漫游

如何走出诗歌以浪漫主义之名而被带入的死胡同？通过将诗人驱逐出庙宇，通过推翻形形色色的诗歌神圣化。但丁在他的时代对于宗教体制的疏离应该时刻被人铭记。对于相反的相反，也应该保持同样的疏离。施莱格尔断言："唯有拥有自己的宗教，对无限持有独特观点的人，才能是诗人"（"想法"13）；其实在这一点上，他和但丁心有灵犀。他明确提出的是艺术相对宗教的自由，但同时也认为两者密切相关。这种自由是对话性质的。如果我能将问题转述为欧洲政治史的术语，那就是说在教皇和皇帝之争中，诗人在教皇面前据有皇帝的位置，在皇帝面前据有教皇的位置：面对天堂在地上的代表，他代表着天空下的大地。此外，诗人宣称与地上的权力偶遇，危险可能很大。在这方面有几个铸成大错的例子。美国人艾兹拉·庞德牵手墨索里尼的法西斯主义，他平庸的政治介入以不体面的方式影响到他的长诗《诗章》中的第 72 首和第 73 首。这就是说，诗歌的上升事实上是极其狭窄的。与此相反，诗人若不敢冒政治与宗教之间张力的危险，他的作品就可能变得非常平庸。

诗歌同时排斥奴役性（domesticité）和定居（domiciliation），它应该继续成为一种运动，反抗大地与天空之间林林总总的矛盾。其实,耶拿的"浪漫派"从未让人感到他们"诗意地栖居在世界之上"。作为欧洲人但丁所开创的伟大的旅行诗歌的继承者,他们满足于路过,使身体充满活力的运动,除非以"断片"的形式,不会驻留在真理之中。他们一个台阶一个台阶地跳跃前进,尽管他们从来不确信存在一种唯一的梯子可以到达最终真理,他们无论去往何处都随身带着"机智"(witz)——风趣话或讽刺语——的加速,后者阻止他们驻留在大地上任何一个明确的地方。诗人,"机智"的守护者,火种的守护者,而正是那火种引发词语的加速。无疑就是此处,德国浪漫派带来一种崭新的维度。假如存在一种诗人有能力和义务保存下来的家园,那就是火种的家园。事实上,那是诗歌能够做到的唯一一种定居形式。对诗歌而言,那并不意味着维持火苗以便人居住和"生活在家园",而是拨旺火苗,那是带来区分、带来纯洁化的火,那火尖承载着最明亮的光明。姑且将这种工作相对应的力量称作"机智"。"机智"就是那种内心的魔鬼,以其魔鬼般的光明引起内心的颠覆。

后来,西格蒙德·弗洛伊德接过"火炬",而且不无矛盾的是,他对这种火焰进行重新"驯服"。他发现并证明,这种"机智"的体制在我们每个人身上运行,因此可以说存在某种"机智的秩序";与此同时,精神分析将反抗的诗歌送入每个个体的内心深处,使之屈从家庭单位的法则。然而,尽管有弗洛伊德的干预,同时也因为弗洛伊德本人的祝福,诗歌出于"机智"的天性而并未停止保持伟大的雄心。让我们姑且忽略精神分析的粗俗门徒,也就是说超现实主义者,他们进行过类似的实践。我们也姑且忽略"词语滑行"——词语误用(lapsus)——的工业本身,这种工业曾经占据并且今天依然占据着达达派及其后裔。无论出于心甘情愿还是不情不愿,比精神分析更早的诗人们解放出来的恶魔力量却具有另一种不同的维度。这种恶魔力量与魔鬼形象同时出现,或者说魔鬼是诗人们的想象为了赋予这种力量以外形而创造出的唯一形象。

假如我们转向像约翰·弥尔顿这样的诗人,我们可以估量恶魔力量的惊人效果。尽管他在英国文学传统中占据重要的地位,却从未引起过读者的热情追随。在弥尔顿身上,我们看到的是一个像但丁一样介入政治行动的人。或许弥尔顿比但丁更有恒心,成就也更大。然而,他们命运的相似如此令人震惊,以至于我们不得不追问,伦敦人是否曾有意模仿佛罗伦萨人。或许我们应该得出这样的结论,对于轻率地接近政治的诗人们,政治给他们的待遇如出一辙?《失乐园》像《神曲》一样写于流放途中,在克伦威尔的十年统治结束之后。弥尔顿自始至终都支持清教徒革命,在 1660 年斯图亚特王朝复辟的时候因为反对君主制回归,最终正式登上逮捕名单。由于他的书籍涉嫌弑君之罪,议会投票判定予以烧毁。他的传记研究者认为,弥尔顿在这种情况下能逃脱死刑实属奇迹。有人在伦敦将他藏起来,但他好像并未遭到全力追捕。三个月后,复辟政府公布一份赦免名单,然而一百多位被判死刑者被排除在外。在那里都找不到弥尔顿的名字。双目失明,孤独凄凉,在家里遭到三个疏于教育的女儿嫌弃——他本人却曾享受到无尽的父爱哦!——,他重新执笔,开始撰写他的长诗,并于1667年8月发表。那年他57岁,他的生命还剩下七年的时日。1649年,英王查理一世遭处决后,弥尔顿拥抱克伦威尔及其革命。清教徒国家领袖委任弥尔顿为新英联邦国务委员会的外国语言秘书。弥尔顿精通拉丁文,他宣称要让大使们在通信中使用拉丁文而非法文。

战略性的潜意识

历史学家告诉我们,魔鬼的出现是较为晚近的事情。审判巫术、将巫师付诸火刑堆尤其集中爆发在十七世纪。在很长时间里,只有法国人相信他们伟大的古典主义时代是一个理性的时代。关于黑暗的说辞无疑更符合实际情况。在2000年出版的《魔鬼的历史》①中,罗贝尔·穆尚布莱承认:

---

① Robert Muchembled, *Une histoire du Diable*, Editions du Seuil, 2000.

"在欧洲被宗教战争撕裂的混乱状态之下，1550—1640时期构建了一种十分明确和令人恐慌的魔鬼模式。"的确，当克伦威尔1648年在英国掌权之际，三十年战争在欧洲大陆刚刚结束。那场战争摧毁了德意志，强化了瑞典等新教国家的合法性，明确了支持瑞典人对抗西班牙人和巴伐利亚人的法国的犬儒性。这是现代之前的现代政治的一种表演。只有像笛卡尔那样清醒而乐观的头脑才能透过重重迷雾看清楚。就在天主教法国曾经为对抗哈布斯堡王朝而联手新教荷兰期间，笛卡尔曾在拿骚的莫里斯的军队里服务一段时间，而后到荷兰南部城市莱顿的大学里就学；年轻的学徒画家伦勃朗也生活在那里。笛卡尔无疑是那个时代欧洲分解精神最忠实的见证者。自从英国外科医生哈维[①]发现血液循环之后，私下的解剖实验和公开的解剖学课程都让学者们情绪高昂。它们还带来古老思想信条的纷纷解体。或许是为了逃避这种腐败和死亡的气息，一群十多年前移民莱顿的英国公理会教徒，在他们的牧师约翰·罗宾逊的带领下，1619年决定离开莱顿城而远赴美洲。在当时，只要愿意净化信仰、拒绝圣公会体制的人就都可以是"纯洁派"，但是这四十一位"创始人"目标更高。他

---

① 哈维（William Harvey，1578—1657），英国医生和医学家，被视为"血液循环"理论的奠基者，代表作是《心血运动论》（1628）。

们宣称已发现人间天堂的钥匙，荷兰诗人约斯特·范·登·冯德尔曾经于 1664 年——早于弥尔顿——讲述亚当如何从天堂被赶出。

在《神曲》里，纯洁与净化的欲望是但丁前往朝圣的动力。模仿但丁的弥尔顿，在《失乐园》中如法炮制。两部作品的区别在于"喜剧"一词。弥尔顿的人物不笑。登上炼狱绝壁的登高者的滑稽跟跄，在《失乐园》里找不到呼应。新教神学里不再有炼狱。有地狱有天堂，对比强烈。使天主教的天堂具有丰富的拉丁式"人性"的那种细腻、递进、救赎，消失不见了。人要么得救，要么堕落。上帝是一位世事洞明的先知，站在高高的山顶望着撒旦走向伊甸园，那是他安置原始夫妇的地方。上帝不介入。他创造出的人类有选择抵抗诱惑的自由。然而他已经心知肚明，堕落业已载入人类的命运。加尔文以降的长老会所设计的命定论就是这么来的。在那个本质上属于男性的世界里，缺少圣母及其代表贝雅特丽齐的美好形象：后者是带着可掬的笑容来迎接但丁的。在弥尔顿那里，只有在天使的合唱团里才出现神圣的欢乐。书中大量出现天使。事实上那是一些战士，行使完全的战斗功能。我们能感觉到，弥尔顿将他们置于战略性的体制里以抵抗恶魔的军队。克伦威尔及其军队所引发的内战启发诗人写出那些最优美的章节。我们再次感受到《伊利亚特》中的史诗气息。弥尔顿这位古典作家无疑熟悉他的原型。在这种战略上，基督教就是一种为战士而量身定做的宗教。无论三十年战争抑或英国革命，基督教内部的冲突重新唤起西方内心古老的史诗理想。

是什么将不同阵营区分开来？这恰恰是弥尔顿理想的暧昧之处。诗歌所具有的剪不清理还乱的纠葛可能未必指向作者设想的阵营。威廉·布莱克最早对弥尔顿的诗歌进行了令人无法辩驳的批评。在他的《天国与地狱的婚姻》中，布莱克说："弥尔顿写天使与上帝时就身处地狱，而谈到魔鬼与地狱时则完全无拘无束，原因是他是一位真正的诗人，才会不经意间就站到魔鬼的一边。"罕有文学批评能如此一针见血，而且能够对整部作品产生如此巨大的影响力以致改变了它的性质。布莱尔不仅谴责那作品所宣称的策略，还让人们注意作者的切实的背叛。双重的背叛：一方面弥尔顿并不属于他宣称属于的阵营，另一方面甚至连他的背叛都不彻底，他并没有拥抱符合他真正价值观的阵营。对于我们这些读者来说，按照精神分析的观点，布莱克第一个阐明了弥尔顿作品中的潜意识。令人吃惊的是，克里斯托弗·马洛在《浮士德博士》中所提问题的关键点似乎在《失乐园》作者这里得到了落实。前者无法在天主教和新教之间做出选择，在后者那里简单变成一种伪选择或者充满矛盾的选择。我们认为，新教徒——弥尔顿是不折不扣的清教徒——无法承认那种他们从抵抗罗马、与罗马分裂而获得的否定力量。然而,他们在公共活动中毫无困难地承认或者倡导这种解放。所以弥尔顿第一个倡导夫妻之间出于双方自愿而离婚。然而对于诗歌,那却完全是另一码事!

气动的撒旦

《失乐园》讲述撒旦的上升与堕落。全书十二章,十多章里都出现上升的片段。堕落尽管极其壮观,确切说来只不过占据第十章中的两百行。长诗的其他部分展示的都是亚当和夏娃在伊甸园中的事情,诸天使、上帝、上帝之子都站在高处和别处,观望着恶魔在地上逐步前进。与《神曲》相比,《失乐园》缺少另外两部关于净化的部分。弥尔顿后来确实又写了《复乐园》进行弥补,但是对于这种仿佛因懊悔而事后重来的"补救",世人并不买账。布莱克的问题针对的是诗人和诗歌之间关系的实质。然而我们别忘了,弥尔顿给出的是地狱的景象,别无其他。我们完全有理由这么认为:年近晚年的弥尔顿已经无力告诉世人他看到的"天堂"。矛盾的是,诗歌既意在表现一种革命性冒险的完满完成,又明显是一种对于未来革命的"迟到"。其中包括想象力的革命。未来的布莱克会把他的诗歌和生命都奉献给这种想象力的革命。

布莱克认为诗歌必然属于诱惑、因而属于撒旦的一边,然而弥尔顿却不会在作品里大方承认这一点。他身上缺少的是浪漫派满腔热情传递的那种"机智"。诗歌的独立就维系于这种补充的"诱惑",诗歌会对它谈论的事物产生影响。假如诗歌的主题是恶,但愿诗歌是清醒的。照着这个意义上进行理解,布莱克的批评是合理的。更何况它本就不会减缓"机智"对想象力的征服。弥尔顿和他必然将诗歌带往宗教的方向。贝雅特丽齐高傲的微笑哪去了?这个问题应该提给英国清教派。无论弥尔顿还是布莱克,在这一点上并无区别。在他们那里,"撒旦式"变成一种反转的"宗教式",诗人们无不趋之若鹜,直至悲情的安托南·阿尔托试图摆脱出来。就这一点而言,我们不妨听听最熟悉弥尔顿的法国人的看法,那就是他的法文译者:夏多布里昂。后者被迫于 1792 年离法赴英,罪名是一场可被视为英国革命后续的法国大革命,法国弑君者则是英国清教徒的继承人。为了打发在伦敦的时日,夏多布里昂翻译《失乐园》,还花费许多时间进行评论,将书中的文学思想与弥尔顿的传记以及同时代人的见证结合起来。此外,这位流亡者还在诗人拜伦那里看到魔鬼的化身。看到夏多布里昂对拜伦的夹杂着赞美与嫉妒的话,简直让人以为出自弥尔顿之口。比如:"按照妖魔化的观点,拜伦是昔日那条充满诱惑的、害人的蛇,因为他看到了人类身上无药可救的腐败。"我们可以说,在布列塔尼人在孔布尔所接受的严格的天主教教育与爱尔兰阿伯丁的长老会教育之间,存在巨大的差别。泛泛比较的结果会引起极大的混乱。这让夏多布里昂非常重视弥尔顿身上的矛盾:"我们可以感到弥尔顿是一个非常痛苦的人:尽管仍然为革命场面和革命激情激动不已,然而当革命沦陷,他自我放逐,胸中仍然燃烧着革命的激情,他让人坚持站立着。但是,场面的严肃性让他着迷。宗教的肃穆性平衡着政治的波澜壮阔。尽管如此,政治理想的幻灭和自由梦想的破灭仍然让他错愕不已,他茫然不知所措;包括宗教真理在内的一切都让他感到困惑。"

因为,尽管《失乐园》看似厚重扎实,实际上却让评论者困惑不已。说到底,谁是撒旦?对于夏多布里昂而言,撒旦是一位共和派,这是毫无疑问的。"共和派存在于《失乐园》的字里行间:撒旦的话语激起独立之仇恨。"然而,将共和国"撒旦化"的用意何在?夏多布里昂用随后的一段自相矛盾的话进行解释:"在弥尔顿的思想里,撒旦和他麾下的天使可能就是骄傲的长老会教徒,他们拒绝臣服于弥尔顿本人所属的圣徒阵营:他还将受到神启的克伦威尔视作后一阵营的领袖。"的确,连诗人最激烈的对手都出现在他的阵营里。1644 年完成的著名论著——《论出版自由》(Areopagitica)——将言论自由视作一种不可触犯的权利,因为他此前一年发表《论离婚》后,拒绝服从由他的议员朋友们投票通过的出版法,即书报审查制度。夏多布里昂拉弥尔顿为自己站台,并将一种"具有等级秩序的贵族共和国"的计划加到弥尔顿的头上。原因是,这位贵族出身的布列塔尼人总结说,"既然君主制在我们各自的国家都走向终结,弥尔顿和我就没有什么跟政治有关的东西要共同梳理的了"。这是赋予政治一种夸张的重要性。恰巧,撒旦也不满足于在他的黑暗议会里作为政府头脑进行统治。他首先是一个冒险家,一个受到难以抑制的求知欲望所驱动的探索者。他尤其想搞明白的问题是,这个被上帝赋予天堂的一角、允许他与女伴矫揉造作地种花养草的新人,到底是何等角色。在第二章的结尾,撒旦穿过广漠的太空飞向地球,仿佛那位探索宇宙的伊卡洛斯。难道他不正像美洲大陆的开拓者们吗?他们早在此前四十年就跨越浩瀚的大西洋,奔向美洲的天堂。无论谁试图前行,都要碰到那棵知识之树,因此意味着要拒绝服从。

在"五月花"的船舱里

弥尔顿从来不曾明确表达过这样的想法。但是当他的诗歌随着撒旦的飞翔而飞翔时,读者也随之腾空并且越飞越快:我们的好奇心被点燃了。弥尔顿将"无韵诗"(vers blanc)视作共和国反抗君主化——及法国——诗韵的最佳工具,可以让诗跳起自己的舞步,迈出有力的前进步伐。夏多布里昂和许多人都曾经赞誉有加的《失乐园》第三章开篇"在光明中祈祷"一段,真的美到极致吗?我们突然听到双目失明的弥尔顿本人开口说话,高唱献给光明的赞歌!然而,再也没有比这更强烈的误解了,因为在此前的第二章结尾处,撒旦飞离黑暗之上,展开双翅在空中翱翔,欣赏着上帝居所的美景,"一片漂浮的碧玉,乳白的塔楼和雉堞"。两个话语、两种过程相互交叉和混淆起来,甚至让人无法分清谁是谁。盲诗人通过触觉来感知黑夜,他想象着自己伴随撒旦御风弄影。反过来说,阴险的魔王因此而钻进清教徒诗人的意识里,为失明的诗人点亮道路。我们突然意识到,这是多么奇怪的契约啊!我们是否可以得出结论,德国人路德将神圣关系引入的内在光明,是否使之摆脱了无边黑暗的重围?"撒旦主义"是否新教的最纯粹的产物?或者,通过新教徒内化的事实,诗歌是否正在变成对黑夜的想象?

无疑弥尔顿遭遇了但丁未曾经历过的事情。在弥尔顿那里,政治之事与宗教之事混淆不清。清教徒的政府是神权的政府,或者在本质上至少是道德的政府。上帝的法律与人间的法律合二为一。让弥尔顿痛苦不堪的不是保王党,而是这种混淆本身。那对身处天堂模样的小花园之中、置身花花草草之间的原始夫妇,他们的软弱表明,面对撒旦的诱惑,人的选择自由是多么不合时宜。围绕着这片绿洲,由亚当和夏娃耕作的脆弱的文明方寸之地,魔鬼的大军无时无刻不在四周游荡。换句话说,自从凡俗与神圣发生混淆,后者就有被前者变乱的危险。独裁者克伦威尔所说的共和国权力的分立原则哪儿去了? 我们不要忘记克氏以法律之名在爱尔兰所犯的累累罪行。鼎盛时期的新教从来不像在这十年来的英联邦这样,可以心安理得而且傲慢无礼。抑或说,约翰·弥尔顿到底还是于心不甘。在他看来,上帝相继派来的使者都无功而返,人类是遭天谴的。依据这种最僵化的清教观点,先定论是唯一的确信。说到底,这当中有的只是失望,因为——弥尔顿暗示道——知识的欲望只能滋养骄傲。也就是说,这是人文主义的彻底失败,是调和古代知识、技术知识和基督教信仰的野心的彻底失败。亚当受到大天使米歇尔的驱赶即将离开伊甸园之际,宣称他此后要做之事就是唯有服从,闻听此言我们心中升起一种反抗的感觉。当大天使以一种目光狭隘的教书匠的腔调确认这种弃绝的正确,我们本能地感受到对撒旦阵营的归属感:"哪怕你知晓所有星辰的名字,知晓海洋的一切秘密,也不要怀有更高的希望……"

据说,新教的创建者们之所以离开荷兰,是因为他们不喜欢荷兰的语言和文化。然而,加尔文的荷兰是一个宽容的国度。与弥尔顿同时代的笛卡尔在那里找到继续思想的庇佑之所。诚然，除了认为人可以通过理性触及上帝，笛卡尔完全不涉政治。这样一来，他开辟出一条共同的世俗道路，所有行人都可以踏上，有些像维米尔或彼得·德·霍赫画笔下整齐的石板街道。画中人或可在路边的小酒馆小憩，掏出陶制的烟袋来抽上几口，或者悠然地饮一杯啤酒。那群创建人却毅然决然地拒绝这个接纳他们的国度。骄傲和无知，以及一种推动他们远赴新英格兰的无与伦比的坚韧精神。在"五月花"的甲板上，他们签署了一份契约或立约（convenant），来规范他们的集体生活。七十年后的塞勒姆，之所以会爆发著名的巫术审判，那是因为在人们不知不觉之际，魔鬼也随船跨越大西洋，并且在这篇绝佳的新教土地上大行其道，正如弥尔顿的读者可能预言到的那样。《失乐园》可否说是第一首北美诗歌？从克伦威尔的英联邦在英国折戟后却出人意料地在大西洋对岸取得成功的这种意义上而言，无疑是的。这一次，与君主制的割裂不再通过远离王国土地而进行，而是通过政治的裂变。自由是通过手中的武器来思想的。宗教被写入宪法当中。幸福被正式承认为"亚当式"的体面的追求。只需要像亚当那样耕种自己的园地就够了，伏尔泰后来总结道。

然而这片风景之中有诗歌的位置吗？换句话说，在与政治和宗教机构的接触中，想象还有位置吗？肯定有的，然而诗歌的首要任务将会是明志和调解。美国逐渐向自己和世界展示出,它的职责在于缝合欧洲的千古裂痕。美国将作为一个新生的欧洲出现于世间,被人所传唱。宗教迫害的受害者纷至沓来,爱尔兰的天主教徒,乌克兰的合并教会教徒,俄罗斯的犹太人,等等。美国代表着人间共和国和天上城邦之间的重新划界。这和解的诗人将是荷兰贵格会信徒的孙子,他的名字叫沃尔特·惠特曼。

幽默驱魔

有但丁·阿利盖里,还有沃尔特·惠特曼,他们是西方最伟大的两位诗人。两人都是欢乐的诗人。意大利人更细腻,论述更巧妙。来自布鲁克林和百老汇的那位更为粗俗,更接近大众。但丁达到政治思考的顶峰,历千年而魅力不减。惠特曼给人的印象则是一个粗人,跳着野蛮人的某种舞蹈横扫一切经验主义。意大利人快乐的谦卑,使其艰辛地完成苦修的工作,让纽约人的傲慢自大无处藏身。千万不要被后者满脸遮不住的无知无识所蒙蔽!他走出欧洲和反抗欧洲,他当作闹剧玩给我们看。当作负担。惠特曼是一种小丑,是那种喜剧里的粗人,嘴巴被化妆拧巴成一个圆圈。戴维·赫伯特·劳伦斯既是共和国创建者们在诺丁汉的同乡,又是他们无比严厉的后裔,作为最全面研究惠特曼的批评家,他根本无法容忍惠特曼。像地道的英国人一样,劳伦斯不苟言笑。这位可怜的泛神论者无法理解先知诗人自我宣称的宗教革命。抑或出于下意识,他试图重新赋予惠特曼一种古代异教徒的欧洲优先性,就像在人文主义的黄金年代所笃信的那样。这样做的同时,他可能一只脚已经踏上方兴未艾的法西斯反动歧途了。没有什么比沃尔特·惠特曼的诗歌更称得上构成欧洲法西斯倾向的对立面。为什么?

因为沃尔特·惠特曼是一位反抗权威的天然的新教徒。然而他并不抗议,而只是在所经之处表明他放肆的坦诚,他对所有权威规则的不服从。诗人惠特曼身上有一种根深蒂固的无礼,一百五十年后的今天仍然刺眼。在十八世纪初流放伦敦期间,每每谈及新教贵格会,伏尔泰羡慕不已,因为他们以"你"称呼上帝,并且跟上帝交谈时可以戴帽子。假发如云的凡尔赛宫和这些以不敬为宗教的教友屋之间的鸿沟,是完全可以想象的。沃尔特·惠特曼对贵格会很有感情。尤其通过他的母亲,长岛的荷兰裔农妇范·韦尔索,她曾经带十岁的儿子去布鲁克林聆听贵格会士埃利亚斯·希克斯的布道。沃尔特本人说过,希克斯韵律十足的演讲术给他留下极其深刻的印象。贵格会的习惯是凝神屏气之后自然地发声,在句子的断句和呼吸中承载神的话语,还有什么比这更接近诗歌的实践？在对《旧约》的评论和对塔木德的韵律朗读——这是它的另一种源泉——之中，美国诗歌的"神示声音"（voix oraculaire）最终获得源泉。惠特曼、金斯伯格和叶维廉都承继这一脉络。美国是《旧约》的读者，而欧洲几乎言必称《新约》，美国无法抛弃先知的话语，否则会变得自己都无法辨识自己。因此，1855年的一天，沃尔特·惠特曼在美国社会中发表演说，仿佛那是在参加教友聚会一样。这出乎所有人的意料，甚至连他的朋友、居住在康科德的哲学家拉尔夫·沃尔多·爱默生都颇感意外，并且顺势假装与年轻的先知观点相左，寄去一封言辞激烈的信。在一位贵格会和一位清教后裔之间，我们知道分歧有多严重。在美洲殖民活动的初期，做一个贵格会信徒，这意味着冒着生命的危险到清教徒中间去宣扬宽容。无数"教友"曾因此而丧命，他们当中最著名的玛丽·戴尔斯两度身赴马萨诸塞，最后丧命于残忍的清教徒之手。

继承自德国浪漫派的先验主体哲学（爱默生使之适应波士顿密林的林间空地）和沃尔特·惠特曼的流浪于城市人群之间的野蛮神秘主义，两者之间的距离在不可救药地增大。除了自发的演讲，贵格会不仅拒绝一切教义或仪式，还宣扬一种彻底的平等。男人女人之间的平等，种族或民族之间的平等，贵格会在美国社会的形成过程中起到一种根本性的实际作用。诚然，以梭罗为代表的波士顿人在为获得黑人平等地位的斗争中冲在前列,而纽约诗人惠特曼却似乎并未直接参与,虽然这并不妨碍沃尔特——这位曼哈顿之子——在他的诗歌中向人们传达出最强烈的众生平等之感。这是他同时代的任何欧洲诗人都未曾做到的,即使雨果或波德莱尔也未能做到这一点。惠特曼那里没有任何感伤主义,没有对某位波西米亚人深表同情,也不为与旧巴黎的背景格格不入的某位孤独的身患梅毒的黑人女性暗自伤神。这就是说,惠特曼没有使内心受懊悔煎熬的高傲之感。在他的纽约,有许多赤贫的穷人,有身无分文并对未来惶惑不安的欧洲移民。在这种人群的万花筒里,几乎已经出现某种抽象艺术,只是通过他们的目光和出乎职业倾向的词语才能依稀分辨。更令人不安的或许是,那片不断变化的风景中强烈地显现出一种集中营般的世界。一方面,惠特曼流连于相同的街道,像无家可归者一样流浪,和他们打交道,像熟人一样与他们高声交谈。另一方面,他将自己的名字、灵与肉的厚度借给这些偶遇的身影。他是某种但丁与苏格拉底的混血儿,满心牵挂的不是一己之救赎,而是以集体和个体的方式实现众人的救赎。他身上的矛盾恰在于,以极致的人世介入而登上高高在上的天国。相比但丁,惠特曼的计划并不那么指向攀登,不寻求通过认识和净化——通过知识——来无限接近永恒的光明,而是通过鲜活的、不断保持清醒的、不断因我们人性的矛盾而警醒的心灵。这就是为什么，我们行走在大地上，然而我们已经在天国。幽默已变成人性的符号。

保持状态

如果我们说最忠实的惠特曼信徒或许是格特鲁德·斯泰因，或许会有人惊得跳脚。我们想说的是，通过絮叨的艺术，就是说明明在后退也要让别人以为她在极微小的距离上不断前进，斯泰因的话语总带有某种莫名的滑稽感。在她身上，正如在惠特曼那里一样，修辞盖过她超脱的实质。自从文字写在纸上，自从话语开始在空气中响起，创举都能招致模仿。斯泰因和惠特曼通过令人捧腹的滑稽，对话语的一切专制形式进行无情的抨击。惠特曼的天空肯定不会出现贝雅特丽齐，但是那里有一种永远轻松的笑声，嘲讽正在表演秀场的诗人喜剧演员。这并不意味着他的诗歌是不严肃的或者不应该被人严肃对待，而意味着，艺术努力属于一种矛盾的经济。艺术只有表现出谦卑才能指出超越它的东西。为了不高高在上地宣称自己掌握真理，它必须指称那种超越自己的东西。正是在此意义上，惠特曼非常靠近但丁。他们诗歌的崇高性是一种嘲弄的崇高性。在两人那里，都存在比艺术更高远更本质的东西:真理不是也永远不应该只属于美学领域。艺术是一种必然的、不确切的媒介。"何谓具有一种形式?"惠特曼在《我自己的歌》第26首中追问说。简短的思考,简短的评论:"我们围着圆圈旋转,不停息地旋转,却总停留在老地方。"同提问一样简短而轻盈的结论出现在诗尾:"因为那是唯一的成长,蛤蜊在粗糙的外壳里就足够了。"

很明显,惠特曼并非形式主义者。假如说他是形式主义者,那也是按照源自惠特曼诗歌的整个美国诗歌传统。例如,格洛斯特的瑞典诗人查尔斯·奥尔森,在给他年轻的朋友罗伯特·格雷利的信中写道:"*Form is content* [形式是内容]"。再如拉瑟福德的西班牙犹太医生威廉·卡洛斯·威廉斯在他的长诗《佩特森》题词中写道"*No ideas but in things* [唯有事物中才有思想]"。惠特曼和这些人一样受到英国浪漫主义传统——因此也是欧洲浪漫主义传统——的滋养,无疑他尊崇个体形式,尊崇生命在可辨识的独特形式之中的表现,但是与这一传统不同的是,他还关注过渡中的事物,着眼于界限的"转瞬即逝",以及那些勾勒我们形象的边界。生命中仿佛有一种无法被形式所涵盖的能量。内容溢出形式,形式的游戏来自无法把握生命的能量。诚然,有人曾经将这种观点与"超灵魂"的概念相比,那是先验论者爱默生根据德国人谢林的"世界灵魂"的概念而演绎出来的。谈到这一点,我们还可以想到印度教哲学。然而,惠特曼的独特性是彻底的。使他的诗句具有汹涌力量的那种急促之感,这种短跑运动员用脚跟的原始推动,正像运动员本人的努力一样,即将被消灭、被摧毁。有人或许认为,行走可能是一种下坠。惠特曼就是这样一个清教徒,他让坠落不再是一种无可救药的灾难,而成为一种不断更新的推动力量。这正是惠特曼真正的独特之处。在他之前,身体未曾作为诗歌成分——或哲学成分——而存在过。惠特曼将身体重新纳入思想的机制中。他的诗歌最早从身体那里,从我们被包括其中的肉体形式那里,借取构成性的暗喻。如果在二十世纪,谈及步行,他或许会说:诗歌是黑色的,美国的黑色,非洲的黑色。惠特曼的诗歌能和短跑比赛相提并论,也能适应马拉松的长距离奔跑,它是绝对的暗喻,就是一种大地的形式。在"暗喻"里,既有运动,也有变形。身体形式和精神形式的功能就是,在一段明确轨迹上牵制运动。诗,就是一定量的时间被体现在一个暂时身体上。诗,就是处于纯粹状态的形式。没有什么比以超越自身为目标的诗歌所具有的功能性优美更纯粹。

我们不要忘记,惠特曼那里从来没有唯美主义!没有对身体之美的崇拜,不像享乐主义者安德烈·纪德在《地粮》中试图以身体崇拜作为哲学。诗歌,个体,就是这样一种过渡性客体:它脱离政治共同体而加入一种可能的神圣共同体。社会独立性恰恰是诗涌现的条件。诗歌从共同体中摆脱出来，从中自我流放，为的是在一种大地上无法实现的理想的地平线上拥抱共同体。因此，无论政治还是宗教都无法限定诗歌，也无法奴役诗歌。以浓缩而矛盾的运动中的身体为形式，诗歌构成从人间共同体到天国共同体过程中过渡性的和必然的联系。不妨这样说，一切没有意识到这种情况的诗歌都将遭到无视。惠特曼继续但丁的道路，但是他们的区别在于惠特曼采用现代的词语，在于他的平淡无华和极简主义重复。格特鲁德·斯泰因在她的散文中拓展了这一点，并创造出一种内在于庞大美国空间的极简主义。惠特曼说过，我们在此时此刻的土地上行走，每一步都是大地，每一步都是天堂。在我们生存的每一时刻，我们的身体都意识到自身消亡的内在性。由于新教已经极大化地减少仪式的分量，我们再也没有时间或愿望进行漫长的神学训练。其结果是，与我们在平面的、缺少起伏的都市里行走相呼应的，是我们内心忽如其来的焦虑，是时时感觉被抛入思想的深渊。神学的高峰再也无法引来攀登的冒险。追随着沃尔特·惠特曼，我们面对的是一种崭新的哥白尼式的地理学。

8

欧洲，在但丁的背影里

与上帝订立的浮士德式契约

诗歌已经进入城邦的中心。这并非微不足道的成功。在诗人遭到柏拉图贝壳放逐审判两千年之后,放逐的条件早已消失。对惠特曼而言,美国解决了政治权力和宗教权力之间的公开问题,终于一劳永逸地结束了欧洲历史。英国的新教革命将两种权力集中在国王或独裁者——亨利八世以及随后的克伦威尔——的手中,而美国迈出的步伐则更远,创造出一个民主共和国。依照亚伯拉罕·林肯的著名说法,这是一个由个体建成并为个体利益服务的民主共和国。政治个体的权利实现完全平等,宗教个体从此可以在众多信仰和教派之中进行选购，两种个体合二为一。宽容取代昔日的义务，再也没有任何官方教会可以挑战政府权力。然而，各种体制承担的负担减轻，个体的肩膀却不得不承受更沉的重担。无论对于他自身还是身边的事物，每时每刻都要由他来确认这种和解。无疑，这里涉及的是一个理想的个体。问题是：如何让这个理想的个体涌现？此时，诗人及时出现并承担起这一角色。使用贵格会的突然而自发的修辞术，他能像喜剧演员那样在公共场合面对众人演说。或者确切来说，由于开始时很可能他四周空无一人，于是他自言自语，与自己展开对话，用自己的声音创造出一个演讲厅。不同于兰波的"我是另一个"（je est un autre），即在自我的异国情调之中寻求缺席，这位崭新的美国主体同时既是自己又是他人。

在这样一种自发地表达"自我"的系统里，从我说话的那一刻，所有的世界都必然地随着我的话语而展开。没有我，任何其他世界都无法想象。我们不禁要问，先验性变成什么样？由于个体的神化使个体的每个感受和每次偶遇都变成神性的显示，我们进入一个内在完满（plénitude immanente）的世界。这个世界很快会达到它的界限，因为它只在数字无限性的细节里才留有出口。为了逃避这样一个封闭世界所带来的窒息感，人是否会选择逃避到冷漠之中？或者，在这样一个神性完满的世界里，他难道不会逐渐占据空洞主体的位置？对于我们这些不自觉间变成的惠特曼分子——因为我们与美国接触太多——，这个问题可能至少会让我们的精神感到不安。因为美国在行为上是惠特曼化的，因为或许到了老欧洲要向美国提出几个决定性问题的时刻。按照弥尔顿在《失乐园》中的说法，惠特曼只有以人类弃绝知识的代价才能获得人类的救赎。因为有了民主，每个人都能平等地面对上帝的神秘。学者、学究和神学家可能遭到摈弃，因为他们是无用的，他们的努力不能让人类在获得幸福的道路上有一丝进步。这是诗人相对哲人的讽刺性反转，这下轮到哲人被逐出城邦了。从此之后，对人的要求就是，他只有几乎盲目地信任上帝之善才能完成任务。

> 我对人类说，不要对上帝觉得好奇，
>
> 因为我这个对每样东西都好奇的人，对上帝却不好奇，
>
> （不管罗列多少名词也难说明我对于上帝和对于死亡是多么坦然自若。）
>
> 我在每一件事物中听见并见到上帝，但我对上帝仍毫不理解，
>
> 我也不能理解谁能比我自己更加神奇。
>
> 为什么我应当要求比今天更好地认识上帝呢？
>
> 二十四小时在我每小时，甚至每分钟都看到上帝的某一点，

在男人和女人脸上，也在镜子里我自己的脸上看见
上帝……

（《我自己的歌》，四十八①）

接下来的问题就是，从哪个界限开始，无知将被宣布为博
学。不无悖论的是，摆脱了一切制度维系的新教却重新表现
出罗马教廷要求伽利略反悔时表现出的彻底无知。惠特曼陷
入狂热的宗教乐观主义，宣称可以消除一切缺陷和匮乏。他
哀叹浮士德的狂妄无知，殊不知狂妄无知的是他自己。这就
有点好像在说，只有与上帝签订一份浮士德式的契约，美国的
浮士德才能战胜他和魔鬼之间发生的危机。从此以后，无论
他身处何处，民主的诗歌主体都拥有见证神灵变形的特权。
简单地说，这位神灵似乎已经从撒旦那里获得后者在文艺复
兴的欧洲幸运获得的变形性。由于他吸收了一切过去和未来
的宗教，他甚至可以自称一个原始的神，一个源头的神。这种
所谓神的"恢复青春"本身就包含某种魔鬼契约的东西。惠特
曼试图利用宗教冲突所释放出的否定性力量，试图像一位风
格新颖的诗歌工程师那样，将其转化为第一推动力，然而那只

---

① 惠特曼，《我自己的歌》，赵萝蕤译，上海译文出版社，1987 年，第
124—125 页。

是徒劳而已，因为他并未彻底降服那种力量。他的计划和他的自我所透露出的那种浮夸，往往更接近恶魔的无可控制的扩张。历史将会刺破气球。当美国内战爆发，合众国的总统亚伯拉罕·林肯被一位演戏的演员刺杀而死的时候，戏剧幻觉反转了过来。一个奇怪的巧合是，诗人抛弃他在华盛顿联邦管理办公室的工作，离开曼哈顿住到了特拉华河畔的卡姆登城，投身于一种更为谦卑的冒险！

内战或者革命

　　欧洲不是一次胃部紧缩就能消化掉的。甚至在沃尔特·惠特曼的美国继承者那里，新教和天主教之间撕裂的痛苦和恐怖都留下许多后遗症。其诗歌的贴敷作用、《秋叶集》的煎煮作用本来被视为促进新世界消化旧世界的一剂良药，然而实际上不仅没有产生效果，反而不断激起新的愤怒。基督教危机那样规模的一场危机是无法掩盖的。比如，曾经横扫旧大陆的内战，却不断使分裂为一南一北——本质上属于新教、支持统一的北方和自由派、支持蓄奴、圣公会甚至天主教派的南方——的美国从内部获得新生。那是一场发生在新地方的旧冲突！在这场造成巨大身心伤害的内战结束伊始，惠特曼独自挥舞爱国信仰的大旗，虽然他显得有点傻里傻气。作为第一场大规模的现代战争,美国内战在欧洲被称为"分裂战争"(guerre de Sécession),虽然在更合乎逻辑的意义上,这种说法更应该用来指英国和美国之间的根本性割裂。伤亡人数预示着未来的大灾难,战场和战时医院让空气中弥漫着血液和断肢的腥膻。沃尔特因超龄而无法参加作战部队,但是他穿上护士服,照料受伤的年轻伙伴,用生动的诗歌给他们带来慰藉。1914—1918 年欧洲内战期间,海明威、多斯·帕索斯等人将效仿惠特曼。他到达华盛顿后的当务之急,是寻找在绞肉机般的弗雷德里克斯堡战役中受伤的弟弟乔治。见到乔治只受了轻伤,沃尔特将他过剩的慈悲奉献给别的士兵。《鼓声》(Drum Taps)记录了这场火一般的考验。城邦里的诗人转变为战争中的诗人。他很快适应新角色,暂时放下自己的统一美利坚民族各邦的梦想。我们徒劳地向他提出当时情况下唯一重要的问题:那么恶呢? 恶在哪种意义上影响到昂扬的乐观精神——诗人以之作为自己体系的基础?

惠特曼的诗歌排除了魔鬼问题,撒旦的问题。我们在这一点上找不到答案。他的诗歌是"艳阳高照的诗歌",那里没有黑夜。"给我灿烂而寂静的太阳"(Give me the splendid silent soleil)是惠特曼战争系列中的一首关键诗歌。惠特曼试图用半边的太阳做出一首唯一的诗。因为让秋天的果实变得丰美多汁的南方太阳必须与照耀在纽约街头的人群头上、被阴霾遮蔽的太阳相互和解。自然和城市进入和解进程。至于死亡,死神的幽灵只是在《睡眠者》(*The Sleepers*)这首精美的诗篇里出现。美国在一个黑夜的梦里解体,外来的移民纷纷登船返回他们的祖国。当然,那只是一个梦,与建造美国的白天形成对照。此外,诗的结论仿佛是以信任与安慰的口吻在发出祈祷:"但我知道我来得顺利,去得也会顺利。/我只会和黑夜稍稍停留,我会及时起床,/我会及时度过白天,啊,我的母亲,我会及时回到你身边!"惠特曼绝对无法抛开清晨。他对早晨有天然的偏好,与他的诗歌形成鲜明对比的是他同时代的夏尔·波德莱尔诗歌中的黄昏氛围,后者身处大西洋对岸、塞纳河入海口的翁弗勒尔。《恶之花》与《草叶集》遥相呼应,仿佛它们是遭到历史流放的真理的两半。惠特曼的草丛里没有一根毒草,波德莱尔的花丛中没有一株令人振奋的花朵。马拉美将会看到编成花束的不可能性。诗歌与艺术中的花束爱好者转而关心花瓶,而非里边装的内容。这恐怕可以作为"现代艺术"的一种定义吧。

惠特曼仍然是新国家的奠基性诗歌的榜样。但丁从半路出发。我们知道,前半程的路,他是在政治中完成的。诗歌于他只是在行动后才开始的。那是一种饱含着智慧、积聚着怨恨的诗。然而半路出发,前途已明。但丁是结尾和结局的诗人。惠特曼是启程和开始的诗人。每个人的信心在于相信上帝给出的理由。这可谓一种普遍化的命定论。美利坚共和国里不再有少数选民，所有公民都是具有选举资格的选民。政治与宗教的压缩带来一种普遍的弥赛亚情绪。这里不再有怀疑，不再有漫长的思索，救赎就发生在接受启程的刹那。这位上帝具有清教徒建国者的激情。他们远涉重洋，甚至没有想过回头的可能。无人质疑这种热情的性质。那热情是先知性的，因此是神圣的。因此，惠特曼诗歌在年轻的革命文化中间发挥出最强大的鼓舞力量，这丝毫不令人吃惊。尤其在拉丁美洲。举例说，如果没有惠特曼的声音，我们难以想象聂鲁达写于 1950 年的《诗歌总集》(*Canto general*)。美国人的歌唱在智利人那里激起反响，尽管后者一直被视为反抗帝国主义的旗手。因此，林肯——被惠特曼视为偶像的美国反黑奴制总统——的身影就会出现在献给"解放者"的第四首诗中。尤其在一首题为《亚美利加，我不是徒然地呼唤你的名字》的诗中，我们仿佛听到出自曼哈顿诗人口中的词语："入眠又苏醒在你本质的曙光里/它像葡萄那样甜，然而可怕/它是糖和惩罚的指挥者。"[①]同样，西班牙共和派追随着费德里科·加西亚·洛尔迦来到纽约，受庇于惠特曼守护的身影，或者像遭到佛朗哥政权流放的莱昂·费利佩那样，远避墨西哥，受庇于惠

---

① 巴勃罗·聂鲁达，《诗歌总集》，王央乐译，上海文艺出版社，1984 年，第 386 页。

特曼。

与即时幸福的意识形态决裂

地狱般的惠特曼节奏！美国如此忠实地契合曼哈顿行者的语言，以至于他的《草叶集》很快就成为整个田径运动员民族的训练纲领。早在英国维多利亚时代之前，惠特曼就开始为身体摇旗呐喊。不同于苏格兰人拜伦为掩饰跛足而进行高强度的游泳，惠特曼游泳的目的是日常的卫生。每天中午，在《布鲁克林鹰报》的大理石办公桌上修改完校对稿，这位记者诗人就回去游泳。然后乘着布鲁克林轮渡穿越东河（East River），他信步走上百老汇歪歪斜斜的宽阔大道，而他半路在普法夫（Pfaff）停下喝的那杯啤酒早已消化在回家的路上。在步行中开启闲逛精神，这就是惠特曼为现代公众制定的计划。惠特曼确实是现代民众的诗人，他们无所事事，对都市景象感到开心。这无疑是惠特曼令人愉悦的一面。他衷心呼吁诞生一个由田径运动员、身体俊美而繁殖力强的男男女女所构成的民族，然而如果我们知道二十世纪的独裁者们如何利用体育和田径，这种说法无疑是令人不寒而栗的。对于站立在新世纪边缘的我们而言，我们完全可以看到以各种形式存在的体育极端主义所造成的破坏。在奥林匹克圣火的光环之下,纳粹或斯大林政权将身体雕塑提高到史无前例的高度,那种狂热只是表面的破坏。人们仍然拒绝看到的是,一种被宗教极端限制的社会正在过渡到一个被形形色色的唯美论所掩饰的身体宗教。

这或许正是但丁的登高依然强烈地吸引我们的原因之一,尽管攀升之艰辛在他那里实际上并无任何隐喻。相反,对山顶的物理征服只是他邀请我们进行的精神攀升的一种遥远的复制品。在沃尔特·惠特曼用曼哈顿的花岗岩打造出的光滑平台的高处,将会引起割裂或者"脱钩"的正是但丁。二十世纪初抛弃美国而拥抱欧洲的美国诗人们事实上是在与新契约决裂。惠特曼的计划再也无法吸引他们。这些新教徒抗议那种唾手可得的唯物主义新教。毋庸置疑的是,他们的举动有些许清教徒似的激进化。无论从美国还是从欧洲来看,他们都将被视作反动,虽然出于不同的原因。我们不妨补充一下,为了让事情复杂化,他们并非全都对自身的地位有同样清醒的认识。在这场返回欧洲的旅程中,两位最具象征性的人物,诗人托马斯·艾略特和艾兹拉·庞德,几乎在同一时期踏上与殖民者相反的道路。1907年,庞德先后造访威尼斯、西班牙以及法国的佩里戈尔地区。艾略特于1912年前后旅居巴黎和伦敦。庞德受过中世纪罗曼学者的教育。他曾经一度沉迷于美国西部的清教式的狭隘,但这种东西让他逃离到欧洲,并且日后表现出一种与之针锋相对的先锋精神。他既不曾也不会拒绝他的美国人身份,只是挪动了前线的方向而已。此外,原始清教主义的信仰可能给他打下深刻的烙印,他日后承认这一点并深感遗憾。我们甚至可以猜想,庞德试图通过对中国表意文字的热爱,抹去肩膀上印着的"红字"。庞德的现代主义从很多方面来看都是一种狭隘的清教主义,专注于文字,专注于文字的重要性。至于精神方面,就不那么重要了。

1915 年的庞德重新审视早年的决裂,感到与沃尔特·惠特曼重缔契约的需要。他的诗集《献祭》(*Lustra*)里有名为《一份契约》的诗。"我已老到与你重归于好/折断新木的是你/现在到了雕刻它的时候/我们来自同样的汁液,同样的树根/让我们达成交易。"这至少是一份现实主义的契约。换句话说:这是一份典型的美国契约,因为是商业契约。我们可以称之为经协商达成的强强协约。庞德多少符合惠特曼衷心呼唤的运动员的形象。作为拳击手,他曾与同胞海明威在巴黎一个临时搭建的舞台上挥拳相向。作为网球运动员,他的比赛在拉帕洛①的阳光下永远闪耀。简单地说,庞德是一个活

---

① 拉帕洛(Rapallo),意大利古里亚地区的海滨小城,靠近热那亚。那里有庞德的一处住所。

力十足的人,任何形式都无法让他完全满足。T. S. 艾略特的行为则完全不同。首先,美国诗歌完全激不起他的兴趣。我们没见过他对沃尔特·惠特曼做过任何评论。就祖籍而言,艾略特是波士顿人,更确切地说他是剑桥人,由他的祖先——和莎士比亚一样来自埃文河畔斯特拉特福——创建的美国第一所大学的所在地。他早期的诗歌带有拉福格①和波德莱尔的痕迹,赋予现代都市——也就是说伦敦——一种令人失望的、完全不友好的形象。"小丑"普鲁弗洛克②是某种反惠特曼式的人物,他的行为让人打消对城市的一切形式的热情。诚然,艾略特的城市是欧洲式的,那是巴黎,更是伦敦,总之要沐浴在颓废贵族式的黄昏氛围里。诗人最喜欢的环境,似乎是某种于他而言混杂着吸引力与讽刺性的地方。返回欧洲后,艾略特明显地重新回到被耶拿学派视为诗歌本质成分的"机智"。他终生的努力就在于超越这种欧洲式的"机智",超越浪漫主义本身。然而不无矛盾的是,他将一种完全属于北美的能量注入这一任务中。但是矛盾不局限于此。我们在阅

---

① 拉福格(Jules Laforgue,1860—1887),法国象征派诗人,是最早用"自由诗体"创作的诗人之一。诗作具有悲观、忧郁的基调。

② 普鲁弗洛克(Prufrock),艾略特诗歌中想象出的人物,最早出现在1915年发表的诗作《阿尔弗瑞德·普鲁弗洛克的情歌》(The Love Song of J. Alfred Prufrock),以及1917年的第一部诗集《普鲁弗洛克及其他》(*Prufrock and Other Observations*)中。

读晚期艾略特——亦即现代最伟大的哲学和宗教诗歌之一、无比绝妙的《四首四重奏》(*Quatre Quatuors*)的时期——之时可以感觉到，尽管他从来不曾提及具体的来源，诗人实际上却在"练习"着爱默生"超验主义"的核心概念，正如惠特曼在他的《自我的歌》中所实践的那样。

返回初始的诗歌矿层

关于但丁，没有人比艾略特说得更直白。他 1929 年发表的关于《神曲》作者的论文长达四十页，文章洋溢着赞美之情。为了洞悉向但丁致敬的范围之广，我们需要知道一点，那就是艾略特的批评才华几乎全部都用来重新评估英语文学的传统。甚至有人指责他企图以一己之力撑起整个文学机制，也就是说用教义典籍的形式将英国诗歌的创造精髓固定下来。这种指责不无道理。艾略特返回欧洲，这标志着北美清教主义决定性地回到最初的英国国教教会的怀抱里。这位美国公民改宗英国国教，加入英国国籍，抛弃了美国的共和国，托庇于古老的王国。这种逆历史的坚决行动试图消除清教内部分裂的历史片段，这在一个完全信仰进步的世纪里意味着"反动"。有些出人意料的是，这位新晋的英国民族主义者毫不犹豫地坦承，但丁超过一切时代的英国文学，包括莎士比亚。作者用这样的话进行比较:"两者当中,莎士比亚覆盖最广阔的人类生活,而但丁却伸出一条长梯,无论往下还是向上,它都覆盖更大幅度的堕落或者升华。"这种判断无疑是合情合理的,然而英国诗人对意大利诗人的恭维不止于此。艾略特下边的话最能表现出一位技术家对另一位技术家的赞赏:"我们在但丁那里学到的写诗技艺,比在任何英国诗人那里都多。我这么说的意思并非是但丁的道路是唯一真实的道路,或者因此就超越莎士比亚或者其他英国诗人。我的意思是别的东西,那就是说对于一个想学习写诗的人而言,但丁或许比莎士比亚带来的伤害更少。"因为,艾略特继续说道,只需终生阅读和反复阅读《天堂》就会笃信,"那是诗歌从未达到或者可能达到的顶点"。准确说来,但丁诗歌的卓绝性在哪里?一言以蔽之:但丁将意象连接起来的艺术让"精神之物变得可见"。

如果说艾略特的理想是让精神之物变得可见,我们不得不说这并不属于现代艺术的重要计划。画家里除了马蒂斯或罗斯科,音乐家里除了梅西安,现代审美革命曾经完全专注于形式。革新形式直至形式主义的程度——这方面最伟大的试验者无疑是毕加索——是艺术现代主义的标志。然而,激起艾略特回归欧洲的北美能量出于完全不同的目的。艾略特来欧洲是为修复欧洲,这既出于他的清醒也出于无意识。看看他在《荒原》中所做的工程师工作。曾经造就欧洲的基督教文化机器七零八落，零件散落一地。这个引经据典的整体，其运转原则早已失灵。事情运转不下去了。怎么办？美国人以最公开的方式提出这一问题。出于总体上的思想幼稚，出于惠特曼式的思想幼稚。人们可以在他们那里感到某种由于曾经参与大破坏而产生的负罪感甚至责任感。这是他们接受现代艺术革命的确切界限。当医生诗人威廉·卡洛斯·威廉斯在一个周日邀请流亡的法国艺术家马塞尔·杜尚到位于拉瑟福德的小花园品尝自家产的樱桃，我们可以感觉到他那里混合着赞美和超越杜尚"工具主义"的强烈愿望。在花园里，杜尚大概没有注意到，在养着白色母鸡的鸡窝旁边，停放着的红色独轮推车。那辆独轮车将成为威廉斯最著名诗篇之一的主题。于是就有了独轮车的顿悟。诚然，我们距离但丁十万八千里，但是在精神上推动现代技术工具的愿望却折磨美国人的神经。这需要运转下去，要重新发动欧洲这台机器。

1922年，《荒原》发表后，威廉斯感到了惊恐。那不再是一首诗，而是散落在欧洲草地上的一大片零部件，仿佛一辆被开膛破肚的汽车。艾略特发表于二战期间的《四首四重奏》是故伎重演。威廉斯同样对之极端厌恶，说它是摧毁诗歌景观的"原子弹"。在威廉斯看来，艾略特犯下双重的错误：其一是离开了美国,其二是试图在诗歌机器里注入些许来自欧洲的陈腐的精神汽油,后者的油层早已遭到胡乱采掘。然而,艾略特通贯的努力是极其出色的。他对欧洲浪漫主义的完美分析,他对德国先验哲学与印度哲学之间联系的清醒认识,再加上他身上美国人的极简主义,都让《四首四重奏》成为一部极其新颖的作品。他在诗中对一种根本性的精神危机进行诊断并试图进行解决。从美国出发,从爱默生先验主义出发,他对新教基督教和超脱的东方实践进行综合,也顺便掩盖惠特曼式的身体。此外我们还有理由怀疑,这种"基督教非肉身化"只是一种邪教的狂热,任何企图使其公民接受政治消极性的政权都可加以利用。说到底,艾略特在战前十年的行为并非无可指责!然而,《四首四重奏》的读者不会怀疑他重新融合欧洲传统的意图。第一首《四重奏》中惠特曼式的"这里,现在"(*Now , here*),在最后一首的《小吉丁》(*Little Gidding*)中变成"现在,在英格兰"(*Now and in England*)。此处的"现在"不再是纽约狂热而即时的时间,而是一个加冕与废黜相结合的、永恒王道的现在时:绝佳的莎士比亚式的时间。

思想空白期的诗歌

艾略特的历程呈现出连贯性的特点,庞德的命运则表现为不连贯。极具悖论性的一点是，庞德能够敏锐地辨识出别人的不连贯，对自己却从来无法做到。我们知道，当一位名叫艾略特的年轻作家将一沓杂乱无章的手稿交给他，他如何成功地利用红墨水、剪刀和糨糊将它转化为一个漂亮的剪辑作品。他以时代的尺度打造出《荒原》。如果说存在一种庞德的悲剧，真正的悲剧不是别的，正是这一点。我们不要一谈到庞德，就再讲什么墨索里尼，或者他积极加入意大利法西斯组织甚至效忠萨洛共和国①。这位银行家的儿子以"农业运动家"，尤其是经济改革家而自居，宣称自己拥有农夫的肩膀。他的悲剧是美学意义上的。他是现代的，本质上是现代的，庞德从来都无法将他的形式发明与任何重要的精神思考联系在一起。诗人在《诗章》(Cantos)的最后一首，即第 116 首中，最终对自己进行清醒的剖析："美不在疯狂之中/即使我的过错和搁浅卧在我身旁。/我不是半神，无法赋予任何事物以连贯性。"艾略特显然受到但丁的启发，要超越"荒原"的混乱，朝着思想的深化而前行，然而庞德就像失去道路的圣杯骑士一样，驻足在断片中间。没有比《诗章》更令人失望、更令人困惑的作品。模型和向导的混乱在书中随处可见。我们本来期待

---

① 萨洛共和国(République de Salo)，通称为"意大利社会共和国"，是二战后期墨索里尼在意大利南部成立的法西斯共和国，1945 年覆灭。

着,道路上会突然出现他的维吉尔或者——在更好的情况下——他的但丁。然而庞德跟罗马宗教实在扯不上一丝关系。他的目的无疑既非改良罗马宗教亦非使之转变。就像但丁对教皇的仇恨一样,庞德将他仇恨的对象锁定为宗教体制,对但丁之后的教会称得上咬牙切齿。他和但丁一样批评高利贷,但是与此同时,他也批评佛罗伦萨诗人对高利贷的解读过分狭隘,他隐隐地指责后者对经济的无知。总的来说,他的错误是既没有读过马克思或者道格拉斯少校①的著作,也没有研究前拉斐尔派,尤其是罗斯金,后者力求恢复工人的工场和艺术家的工作室之间的理想性联系。

庞德只有一种宗教,那就是美的宗教。他的诗歌奇怪地表现出一种分裂,一方面是呼应了反复标榜"创新"(*make it new*)的现代韵律学,另一方面是一种更符合约翰·罗斯金的主张和前拉斐尔派乌托邦的落后意识形态。因此,为了替混乱的《诗章》找到某种结构,当代文学批评界才会如此苦不堪言。庞德的计划仿佛顶多就是模仿文艺复兴的雄心壮志。庞德就像十六世纪的人文主义者一样,尽管他把前人的追求朝着东方和中国文化推进一步,他仍然试图靠近西方传统。为

---

① 道格拉斯少校(Clifford Hugh Douglas, 1879—1952),英国经济学家,"社会信贷论"的提出者。

此,他求助于爱尔兰人类学家弗雷泽的比较性神话解读。此外,他像同时代的威尼斯人阿尔多·马努奇奥①一样关注希腊文字,并使之与中国的表意文字相结合。然而,他的"意象主义"承载的又是哪种精神性呢?显然没有任何精神性。虚无和虚无之间没有联系。庞德用一种惊人的无意识,来指称精神的空白期。虽然他将自己的创造性能量导往欧洲这个旧边界,并进行了逆向的移民,然而这位清教徒却并未进行任何朝向自我的回归,也没有像他的祖先们那样每日进行内省。庞德的狂妄和他对骂人与斥责的爱好最清楚不过地表明,他其实是清教主义的敌人。正像他的同行和同时代人、超现实主义者安德烈·布勒东一样,庞德接近政治,甚至到了融合无间的程度。对诗歌而言,这是一个极其危险的时刻,因为诗歌本应在人间与天国之间、在世俗与精神之间保持着微妙的平衡。当然有人设想,这位美国人之所以做出加入法西斯的政治冒险,是要像但丁曾经选择白色归尔甫派或吉伯林派的帝国阵营——反动的阵营?——那样。但是我们并不知晓庞德追求的真相。他与自己签订的不确定契约,在漂移,在偏离,在迷失。除了那种被他借来作为绝对的经济主义——一种替

① 阿尔多·马努奇奥(Aldo Manuzio,或拉丁化为阿尔杜斯·皮乌斯·马努提乌斯[Aldus Pius Manutius],此处法文化为 Alde Manuce,1449—1515),意大利人文主义者,著名学者和印刷家。

代物——,他完全意识不到自己的目的。任何想拯救他的人或许都会说,庞德投身于文学冒险的偶然性之中。马拉美曾经宣称,"破坏就是我的贝雅特丽齐"。只是在这种意义上,庞德有一些先行者。

找这样的借口,将来就能让人满意吗？投身于发现美洲的偶然性航行的探险家们,哥伦布、罗利、韦拉扎诺之辈,无不有清晰的目标。坚实的美洲大陆用另一个佛罗伦萨人亚美利哥①的名字来命名,就是明证。但是,庞德在冒险中的发现与偶然性密不可分。在《诗章》的比萨篇章里,我们可以明显感觉到诗人的痛苦。我们还可以更多地感觉到他的文学典范但丁赋予他的合法性。我们必须承认,比萨阵营是某种"地狱",就像但丁在他的生命中曾经感受的那样;缺少的只是"天堂"的证据。一句借自爱留根纳②的不完整的套话并不能证明那是通向光明的坦途："一切反射阳光的,都被阳光照射"（*Omnia quae sunt*,

---

① 亚美利哥·韦斯普奇（Amerigo Vespucci, 1454—1512年）,意大利商人、航海家、旅行家。他晚于哥伦布考察美洲,并确定那是一块新大陆而非亚洲,因此德国地理学家马丁·瓦尔德塞弥勒在1507年出版的《世界地理概论》中,用他的名字来命名这块新大陆,即"美洲"。

② 约翰内斯·司各特·爱留根纳（Johannes Scotus Eriugena, 约815—877年）,文中为法文化的名字 Jean Scot Erigène,爱尔兰中世纪哲学家,加洛林王朝文艺复兴时期的著名学者,主要活动在法国,代表作是《论自然的区分》《论神的预定》等。

lumina sunt)。事实上，庞德认为上帝的光明根本不值一晒。他早年在伦敦发表的一场演讲，1910 年以"浪漫精神"为题出版。书中比较但丁与弥尔顿的上帝，而但丁的上帝似乎更胜一筹："但丁的神是无法言喻的神圣。弥尔顿的神是一个手持霸王鞭的暴躁老头。"不容置辩的风格无法一直掩盖他的肤浅。

法轮上边

　　庞德的肤浅源自他对现实采取的完全文学性的姿态。格特鲁德·斯坦把他定义为"乡村小学老师"，这种说法既精辟又不乏残忍。这或许是提醒我们注意，1924 年两种完全对立的天性同时出现在巴黎，这激发他们进行竞争。斯坦在童年时代随父母离开欧洲去旧金山，她比庞德来欧洲更早，而且无疑在这块大陆上有更多的人脉。在庞德那里，经济的考量不久取代诗律规则的考量——"我不"的系列——，并成为他主要的念头，然而这无法掩盖他身上的思想空虚。正像其他现代主义者一样，他感染上一种本质的遗忘症，而我们可以在马拉美那里找到病源。后者指责雨果让亚历山大诗体从他手中滑落，但是我们更严肃地指责马拉美完全抛弃掉诗歌的理念。在他之后，虚无占据现代诗歌的内心，并带来一种令人难以忍受的奴役性。在此背景下，庞德带着悲情努力找回一种表面的协调，这是值得尊敬的。威廉斯比他的宾夕法尼亚大学的昔日同窗在精神上更焦虑，他试图为现代社会的惶惑找到一把钥匙。在与艾略特的《四首四重奏》几乎同时创作的未完成长诗《佩特森》(Paterson)里，他将原子裂变视为所有分裂的典型。《佩特森》描述一个堕落的世界：堕落在诗中是以隐喻的方式表现为造成漩涡的雨水之降落。那里，宗教不仅不合时宜而且完全无效，图书馆在焚烧、化作烟尘，间歇性的欲望徒劳地追寻可依附的圣母玛利亚形象。威廉斯分析美国清教主义给现代社会带来的后果。查尔斯·奥尔森，客居马萨诸塞州格洛斯特的瑞典人，选择抨击建国的历史谎言。改变了起源，放弃"五月花"的想象，转而与纽芬兰的早期捕鳕船相会合，那是一些没有在北美海岸留下任何痕迹的布列塔尼人、巴斯克人、康沃尔人，奥尔森呼吁在腓尼基人的东方——他的诗歌与其主人公名字都叫做"马克西姆斯"①——和美洲印第安主义之间建立一种新的契约，他认为后者能够激发一种轻盈的游牧主义。然而，正是在那个时代，惠特曼式的新时代"小丑"——"垮掉的一代"——选择实践甚至夸张和戏仿惠特曼

---

① 奥尔森的代表作是未完成的《马克西姆斯诗篇》(The Maximus Po- ems)，从古希腊晚期的哲学家马克西姆斯·泰里乌斯 (Maximus Tyrius) 的思想中获得启发。马克西姆斯·泰里乌斯生活于公元二世纪，居无定所，受柏拉图思想影响很大，留下 41 篇作品。

的计划。

　　艾略特和庞德带着或多或少的清醒预感到,回归欧洲是无法避免的。只有在欧洲,根本的裂痕才可以并且应该被思考。悲剧在于,唯有欧洲没有明白这一点。它还会"沉睡"多久? 欧洲目前只是埋头证实现代主义初期的彻底断裂不妨碍事情正常进行,而同样驱动欧洲的还有从教会继承的陈旧反应,让它一味积攒圣像,于是把自我的根本证据锁在数不尽的博物馆里。最近我们不是看到,一群孩子在伦敦泰特现代美术馆(Tate Modern)里席地而坐,在他们的老师督促下临摹马塞尔·杜尚的一幅作品? 新娘已经找到年幼的未来光棍们,而他们为了更好地剥光她的衣服而努力地削尖手里的铅笔头①。在最好的情况下,也就是说遭到质疑时,欧洲才会在内部找到一些能够为一种新建筑找到钥匙的形式与形式主义。正如它在政治领域宣称根据理性原则进行结合——人们只能接受这一做法——,欧洲在艺术领域则重新拾起最充分、最成熟阶段的"建构主义"(constructivisme),然而正是在那个时期,无理性的独裁政权粗暴地摧残理性,将理性据为己有并使理性长期堕落。"建构主义"和"解构主义",现代主义和后现

――――――――――

　　① 杜尚的名画《新娘,甚至被光棍们剥光了衣服》,因画在一大块玻璃上而被命名为《大玻璃》,从1912到1923年持续创作,直到1926年才第一次展出。

代主义,它们密不可分,仿佛同样一种凝滞的正反两面。或许这表达的是对大写历史及其进程的深恶痛绝,一切断言都将预防性地给自己引来许多冲突。我们只相信一种预防性的美。总的说来,这是我们对浪漫主义思想的最低限度的适应。我们是不自知的浪漫派,我们几乎机械地应用着耶拿提出的原则。对我们而言,悖论在艺术上的应用是一种诀窍,一种技巧,甚至一种习惯动作。是否因为我们更愿意相信,我们行将抛却大写历史的噩梦,我们即将封上以大写历史名义犯下罪行的长廊,于是我们将两种运动无限地结合起来呢?

由此,我们或许会产生一种令人沮丧的印象,那就是静止和重复。这时,美国人的极简主义会获得理想的应用:最大空间上的最少符号,这可能是最优秀的美国艺术的定义。然而任何地方都没有规定,我们只能关注行为,借口是正在日益萎缩的地球上人口越来越众多。艾略特和庞德两人的回归,一个走向英国君主制的官方教会,另一个走向普罗旺斯和纯洁——也就是不自知的新教、纯洁派(cathartisme)——;他们拙劣的回归意味着,诗歌与权力及宗教的漫长对话并未终结。相反,我们认为更为明显的是,瓦尔特·惠特曼带着为美利坚民族热情奉献一切而开启的美利坚建国诗歌已经终结了,那歌声追靠着大船的惯性滑行直到停下不动。我们知道,美国和欧洲之间不可能存在竞争。但是诗人们以政治之名抗议官方教会——以政治方式建立的宗教——的抗议终于自动缺席,并转变为最低限度的适应。新教的基督教最终导致物质化的、绝对的个体主义,如果不想像佛陀般安详地停滞在激情的法轮上,这种个体主义就要重新踏上通融天与地的道路。

并非条条大路通罗马

在法国和整个欧洲,第一个思考这种局面的是菲利浦·索莱尔斯。或许索莱尔斯曾经是一个悖论之人。他以一种不同寻常的诱惑力将各种矛盾聚于一身。如何定义他呢? 何不说他是一个西方的满大人,善于将从最古典到最现代的各种思想和感觉的潮流结合起来,为的是超越它们并达到一种新的境界。逆向地途经中国发现美洲,是这位挚爱威尼斯的马可(毛)·波罗的冒险。在 2000 年由德思克莱·德·布鲁韦出版社出版的一本评论《神曲》的对话录①中,他对我们做出了解释。作为但丁忠实的读者,索莱尔斯惊人的博学使他得以跳出窠臼。像艾略特一样,他在但丁身上看到一种思想和生活的典范,直至今日仍未被超越的典范。对他而言,隔在但

① Philippe Sollers, *La Divine Comédie. Entretiens avec Benoît Chantre*, Desclée de Brouwer, 2000.

丁与我们之间的八个世纪的历史距离并不遥远。在他赞美的热情中,索莱尔斯乘着天使的翅膀,飞越到十四世纪。这一点吸引我们,因为大写历史中从来都不乏奇怪的时间错乱。今天,我们脚踩的属于不同国家的土地发生滑动,就是这样一个更为暴力的时间矛盾。但是,这并不要求我们加快速度或者走在这一运动的前面。让-保罗二世的天主教、十八世纪法国的不信教者、耶稣会所理解并由庞德重新阐释的中国儒家,索莱尔斯把它们混合起来,烹成一碗热腾腾的威尼斯浓汤,端到卡萨诺瓦的餐桌上;索莱尔斯的方法既有新颖性的优点,同时又不乏悖论性。在索莱尔斯那里,我们不是在天堂中,而是在悖论里。

然而这样的不稳定性具有一种深刻的逻辑。诗人与哲学家或神学家不同,他有不同的求真之路。诗歌与散文的载体所传递出的节奏感,往往表达的是其目标所蕴含的过多能量。这种溢出本身是直觉的条件,迅速闯入最初的混沌之内;通过冷却作用,概念在那里得以形成。这决定了,真正的诗歌只有在与哲学和神学的不断接触中才能获得深度。对索莱尔斯而言,但丁的绝妙之处正是善于将诗歌的旋律激情转化为追求真理的欲望。美国人威廉斯所说的事物之间的智力舞蹈,对但丁而言就是思想之间的智力舞蹈,也就是说强力地将思想转化为意象。这让佛罗伦萨诗人成为此类别的首个、也是唯一的人文主义者。对他来说，显露的真相和概念性知识之间的平衡通过想象的中介得以实现。在《神曲》里，所有官能都各自完全平等地努力达到最终的和解。按照索莱尔斯的评论，原因是"但丁的意图在于试图通过经验证明，通过欲望而深化的智力，与'推动太阳和其他星辰'的爱是同一种东西。这就是说，作为爱的智力。这是西方最伟大的宣言，所有人都将像卫星一样绕着它转动"。通过浸淫于书籍与学院，但丁得以从思想的各个侧面自由进入神圣真理，他既能像圣托马斯一样宣称上帝是理性知识，又能像圣贝尔纳一样宣称上帝是爱。这就是诗歌应该瞄准的目标，那就是索莱尔斯所说的"大诗歌"。这就是说，在启示的光亮之下，让对真理的追求和对人类的爱进行对话。因为意象就是一些灵感，它们不仅来自地底的深处，还源于神圣的发散。

返回但丁，这让索莱尔斯与现代伪抒情主义拉开距离。在许多与潜意识纠缠不清的内心所驱使的诗歌那里，他看到这种伪抒情主义的拙劣应用。与此同时，他又成为许多悖论的囚徒。首先，何谓"大诗歌"，是与"小"相对的"大"吗？这个典型的日耳曼浪漫派的遗产值得我们进行一番讨论。但丁在他著名的向导们的陪同下爬向光明的顶峰，那里被简单地隐喻为中天的意象，反过来又给诗歌增加效果。在这样的代价下，任何散文体或者诗体的文学作品，只要以光明的峰顶为目标，都将自动属于"大诗歌"。换句话说，让我们呼唤绝对的诗人，越来越绝对的诗人！他们从来都不惮于为永远等待光明的我们冒任何险。与山谷里的贝里雄①针锋相对的登山诗人，我们完全可以想象福楼拜对这个概念的反应。我们又回到攀登夏蒙尼峰②时的踯躅前行。我们的诊断是，明显的倒退。因为那种挟裹着索莱尔斯、使他轻松到达文学峰顶的快乐让他能够避开大写历史带来的裂解和剪切。奇怪的是他与圣徒们心有灵犀，这让他能牵手但丁、兰波、阿尔托和荷尔德林。有人说，索莱尔斯重新接手法兰西共和国和教会之间未曾实现的和解。我们至少要承认，卓越的趣味让他选择但丁而非佩吉③作为谈判对象。

　　这条捷径的缺点是重玩法国与罗马——昔日的外交月亮——结盟的老把戏，再一次掩盖在德国、英国和荷兰的土地与精神上探索自由思想的极其漫长而痛苦的历程。法国对欧洲新教的令人难以置信的无知确实是它的欧洲统一主义（européisme）的重要缺陷。我们不妨直白甚至粗鲁地断言，

---

　　① 贝里雄（Pérrichon），戏剧人物，出自欧仁·拉比什（Eugène Labiche）1860年发表的喜剧《贝里雄先生的旅行》（*Le voyage de monsieur Pérrichon*）。贝里雄先生是一个滑稽的人物，骄傲、虚荣、自以为是，喜欢把生活安排得井井有条。

　　② 夏蒙尼峰（Chamonix），法国境内攀登勃朗峰的著名地方之一，旅游胜地。

　　③ 夏尔·佩吉（Charles Péguy, 1873—1914），或译"贝玑"，法国诗人，重视中世纪题材，许多诗作传达出一种宗教神秘主义和爱国主义。

法国将永远不能跨过这一关。更糟糕的是，它将在思考欧洲时阻断自己的思维过程。作为另外的途径、另外的道路，我们建议一种更缓慢、更深刻、快乐而非唐璜式的历史性和评判性的反思。宣称在凡尔赛宫地板的明镜里旋转的维也纳华尔兹会让人失足滑倒，而且比一次无伤大雅的过失更为伤人。

重拾高山徒步的兴趣

欧洲人所继承的是一种矛盾日益激烈的历史,这些矛盾让它逐渐失去意义,亦即从一开始就由基督教承载的意义。意义的丧失最终导致严重的失忆症,使其最终滑向意义对面的无意义与荒诞。基督教通过达成世俗与天国之间的广为接受的分配,从而成功地在许多世纪里维持秩序的稳定性,直到后来从内部遭到质疑并轰然倒塌。这一断裂发生的时期被历史学家称为文艺复兴或宗教改革,它将欧洲撕裂为两个阵营,即新教阵营和天主教阵营,并进而让战争以长期冲突的形式进入宗教。这种断裂还促使民族政治主体的出现及强化。然而,主体自主化运动并未停留在国家边界之内,而是指向了个体自身及其权利的解放。这当中存在一种明显的矛盾,因为个体的解放必将与被视为有利于个体自主的民族自决产生冲突。从那一时刻开始,欧洲及其内战的历史变成了数百万个体以单个民族之名被牺牲和杀戮的荒诞故事。这就是无意义。经过无数世纪的思想家和诗人们的不懈努力,基督教道成肉身的基本原则终于变得世俗化,然而在那时遭到否定和无比激烈的驳斥。我们必须心平气和地承认,随着这骇人的失败,欧洲历史戛然而止。与此同时,政治与宗教的平衡已经转换了大陆,一个秉承相对宽容的新教、崭新的基督教帝国在美洲建立起来。沃尔特·惠特曼——稍显粗糙的、共和派的维吉尔——的预言冲出曼哈顿的屋顶,伴随着一种野蛮的传教热忱的巨鹰腾空飞起,那时的美洲真有一种人间天堂的感觉。今天,我们大梦初醒。民族与种族之间平等的精神不仅丝毫未得到加强,反而迈向精神智慧的任何努力都遭到一种人类从未经历过的粗鄙的物质主义的扼杀。但丁曾经试图在佛罗伦萨——那个时代的纽约——建立爱与求知之间的平衡,从来都不曾有过现代的对应物。二十世纪初的一些诗人如艾略特和庞德踏上返回欧洲的道路,原因就在于此。他们强烈批评这个美国化欧洲的性质。尽管如此,他们的运动不乏暧昧,因为他们让充满乐观精神的先锋冲动服务于一种修复的精神。正如艾略特诗歌中的东方博士一样,他们返回后看到的只是空空如也的摇篮。我们应有的做法,是进行一种针对欧洲历史、由欧洲建立并提供证据的批评，并保持欧洲所承载的那些未竟运动的活力。的确存在一个欧洲的诗歌主体，德国浪漫派就是永远的证据，这正是他们的一大贡献。然而与他们渴望的相反，现在应该终结他们在绝对方面所赋予主体的自负。这些年轻人被宗教改革的激进化运动所吸引，他们希望调和法国大革命给他们带来的自由精神与新教所解放出来的宗教情感。他们的计划变成一种痉挛性的形式，将表达的速度与目光的锐利结合起来，而后来的法国超现实主义模仿的就是这一点。这些诗人的哲学家朋友们忙于建立新的伟大"教会"，一些支撑神圣主体绝对性的伟大的理性综合体；由于他们与诗人构成竞争，后者就选择了断片和矛盾的文化。利用机智拉近黑夜与光明两种无限，他们得以绕过《神曲》类型的辛苦攀升，通过意象的闪电直接升入天堂。然而，面对言说恶的失败，我们不再相信诗歌这种通向绝对科学的诗性载体。我们将不再属于这种对立面的文明，这种文明会轻易地陷入唯美主义，即虚浮。我们不再对自己的衰退发出抒情的哀叹，因为过分担心未来的世纪将会解读出我们好奇心所包含的懒惰。我们将会在起源上开始，也就是说半路出发，是但丁让我们准备就绪。换句话说，在科学、技术、哲学和神学的中间出发。薄雾消散，欧洲的天空正在廓清。我们重新燃起对山间长途跋涉的兴趣，因为佛罗伦萨的老向导在等待我们。我们仍然要沿着德国新教的完整路径走到但丁那里，而不是循着没完没了的、致命的法国捷径，直接向罗马冲锋。

专有名词译名表

人名译名表

Alaric 1er 亚拉里克一世

Alighieri, Dante 但丁·阿利盖里

Ariosto, Ludovico（L'Arioste）阿里奥斯托

Artaud, Antonin 安托南·阿尔托

Auerbach, Erich 埃里希·奥尔巴赫

Ayrault, Roger 罗热·艾罗

Bailly, Jean-Christophe 让-克里斯托弗·巴伊

Bec, Christian 克里斯蒂安·贝克

Béguin, Albert 阿尔贝·贝甘

Bernard(Saint)圣贝纳德

Binyon, Laurence 劳伦斯·比尼恩

Blake, William 威廉·布莱克

Böhme, Jakob 雅各布·波墨

228

Williams, William Carlos 威廉·卡洛斯·威廉斯

Wordsworth, William 威廉·华兹华斯

Wordsworth, Dorothy 多罗茜·华兹华斯

Yeats, William Butler 叶芝

地名译名表

Aberdeen 阿伯丁

Aix-la-Chapelle 亚琛

Aquino 阿奎诺

Arnstadt 阿恩施塔特

Bayreuth 拜罗伊特

Bonn 波恩

Bristol Channel 布里斯托运河

Brocken 布罗肯峰

Buchenwald 布痕瓦尔德

Camden 卡姆登

Celle 策勒

Cerne Abbas 塞尔纳亚巴斯

Chaumont-sur-Loire 卢瓦尔河畔绍蒙

Combourg 孔布尔

Concord 康科德

Constance 康斯坦斯湖（Bodensee 博登湖）

Cornouailles（Cornwall）康沃尔

Cumberland 坎伯兰

Delaware 特拉华河

Dresde (Dresden) 德累斯顿

Dusseldorf 杜塞尔多夫

Eisenach 爱森纳赫

Erfurt 爱尔福特

Galles 威尔士

Gloucester 格洛斯特

Gotha 哥达

Göttingen 哥廷根

Greifswald 赖夫斯瓦尔德

Halle 哈勒

Hardenberg 哈登伯格

Harz 哈茨山

Heidelberg 海德堡

Hippone 希波

Honfleur 翁弗勒尔

Horselberg 赫塞尔堡

Iena 耶拿

Königsberg 柯尼斯堡

Kothen 克滕

Lübeck 吕贝克

Lunebourg (Lüneburg)吕讷堡

Mühlhausen 米赫尔豪森

Niš 尼什

Oder 奥得河

Ohrdruf 奥尔德鲁夫

Padoue [Padova]帕多瓦

Palerme [Palermo]巴勒莫

Pavie [Pavia]帕维亚

Périgord 佩里戈尔

Ravenne [Ravenna]拉文纳

Ravensburg 拉芬斯堡

Rimini 里米尼

Rutherford 拉瑟福德

Saale 萨勒山谷

Salem 塞勒姆

Silesie (Silesien)西里西亚

Souabe (Schwaben)施瓦本

Spire 施派尔

Straford-up on-Av 埃文河畔斯
　　　特拉特福

Stratford 斯特拉特福

Stuttgart 斯图加特

Thuringe 图林根

Toscan 托斯卡纳

Ulm 乌尔姆

Waiblingen 魏布林根

Wartburg 瓦尔特堡

Weimar 魏玛

Welf 韦尔夫

Weser 威悉河

Wittenberg 维滕堡   Zurich 苏黎世

Worms 沃尔姆斯

"轻与重"文丛（已出）

图书在版编目(CIP)数据

我们都是德国浪漫派/(法)雅克·达拉斯著;曹胜
超译.--上海:华东师范大学出版社,2021
("轻与重"文丛)
ISBN 978-7-5760-1868-4

Ⅰ.①我… Ⅱ.①雅…②曹… Ⅲ.①思想史-研究
-欧洲②浪漫主义-诗歌研究-德国 Ⅳ.①B5②I516.072

中国版本图书馆 CIP 数据核字(2021)第 112167 号

华东师范大学出版社六点分社

企划人 倪为国

Nous sommes tous romantiques allemands
by Jacques Darras
Copyright © Editions Calmann-Lévy, 2002
Simplified Chinese edition published with EDITIONS CALMANN-LÉVY
Simplified Chinese Translation Copyright © 2022 by East China Normal University Press Ltd.
ALL RIGHTS RESERVED.
上海市版权局著作权合同登记 图字:09-2013-352 号

"轻与重"文丛
我们都是德国浪漫派

主　　编　姜丹丹
著　　者　(法)雅克·达拉斯
译　　者　曹胜超
责任编辑　高建红
责任校对　古　冈
封面设计　姚　荣

出版发行　华东师范大学出版社
社　　址　上海市中山北路 3663 号　邮编　200062
网　　址　www.ecnupress.com.cn
电　　话　021-60821666　行政传真　021-62572105
客服电话　021-62865537
门市(邮购)电话　021-62869887
地　　址　上海市中山北路 3663 号华东师范大学校内先锋路口
网　　店　http://hdsdcbs.tmall.com/

印　刷　者　上海盛隆印务有限公司
开　　本　787×1092　1/32
印　　张　8
字　　数　110 千字
版　　次　2022 年 7 月第 1 版
印　　次　2022 年 7 月第 1 次
书　　号　ISBN 978-7-5760-1868-4
定　　价　58.00 元
出　版　人　王　焰